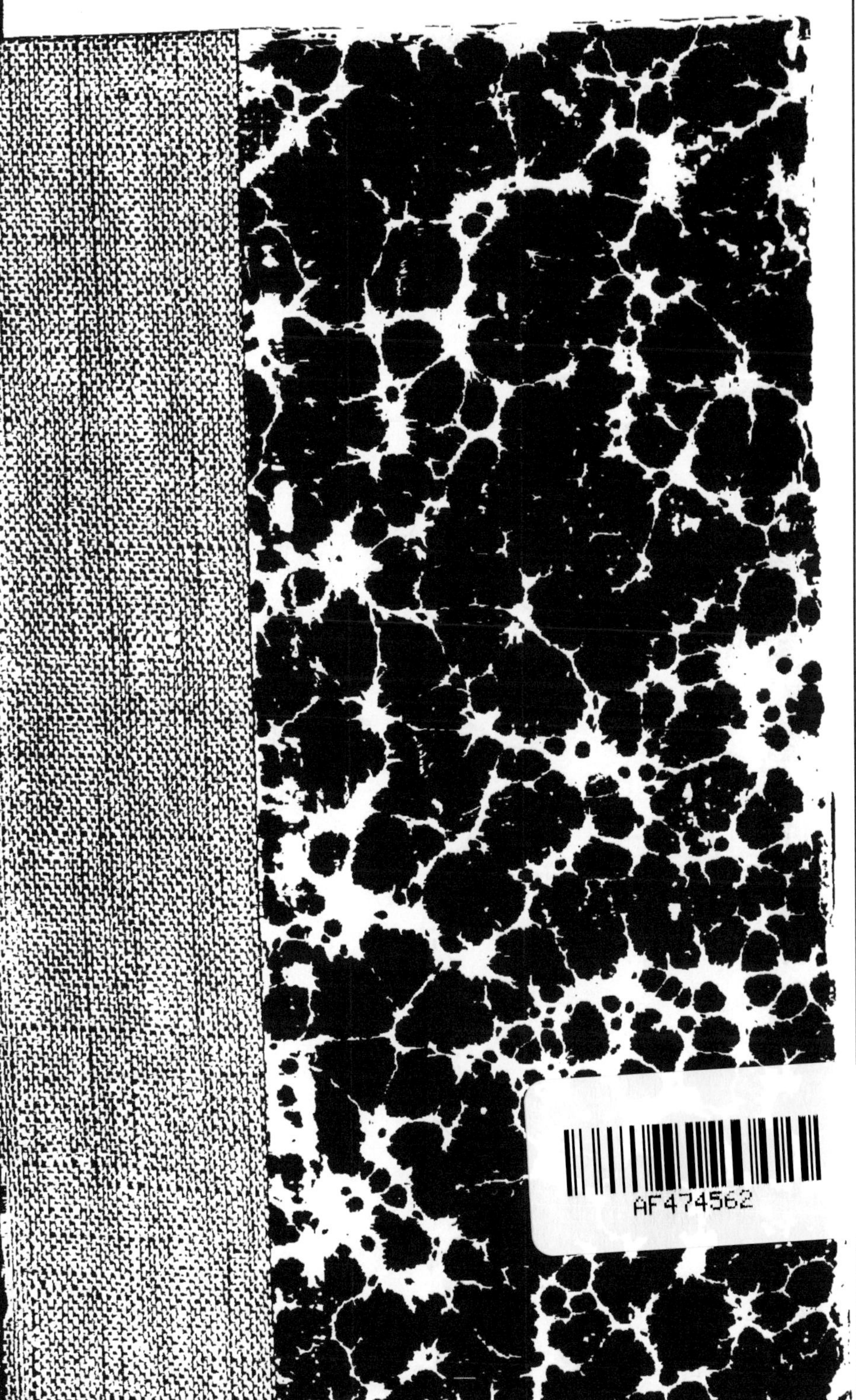

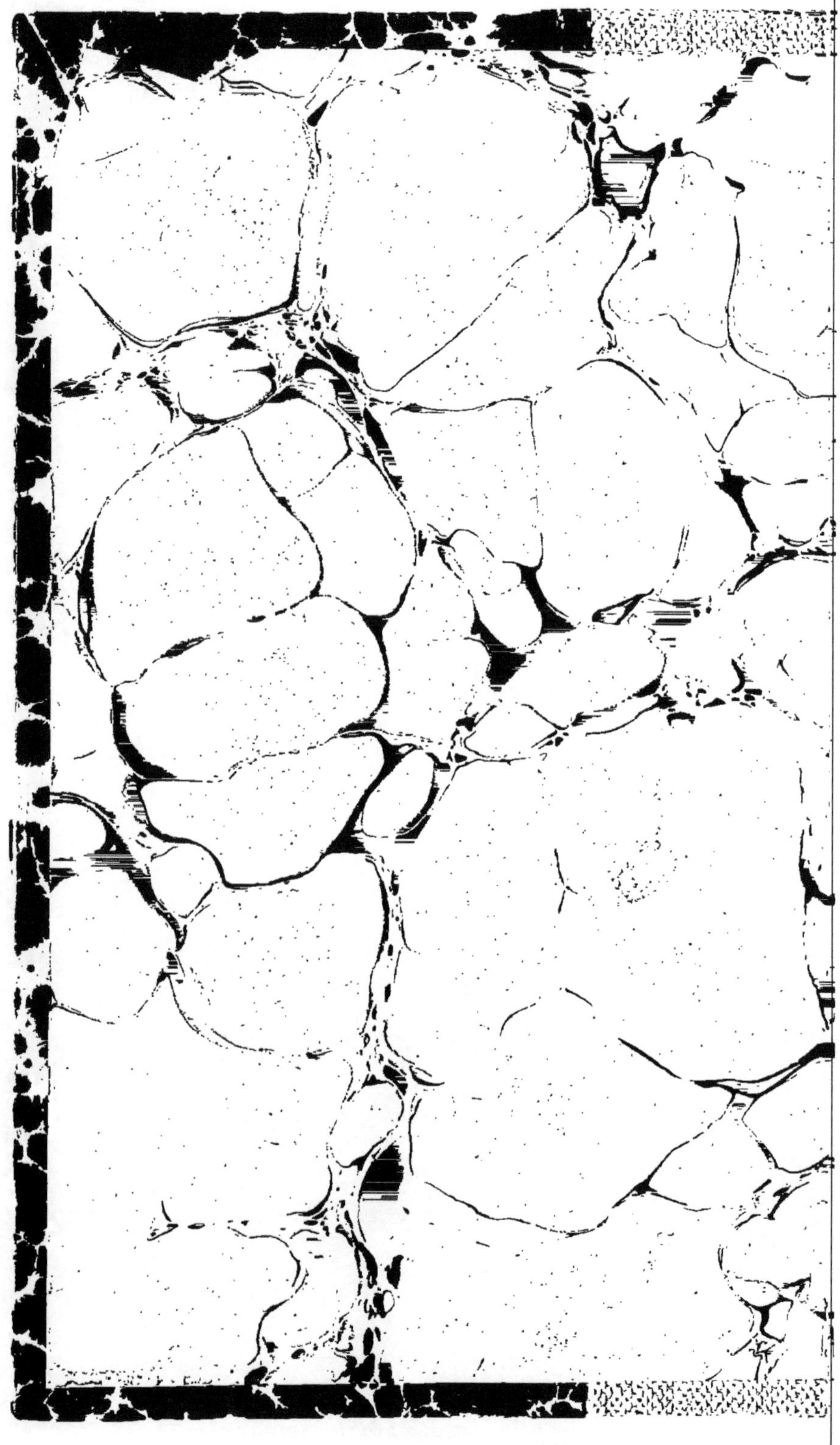

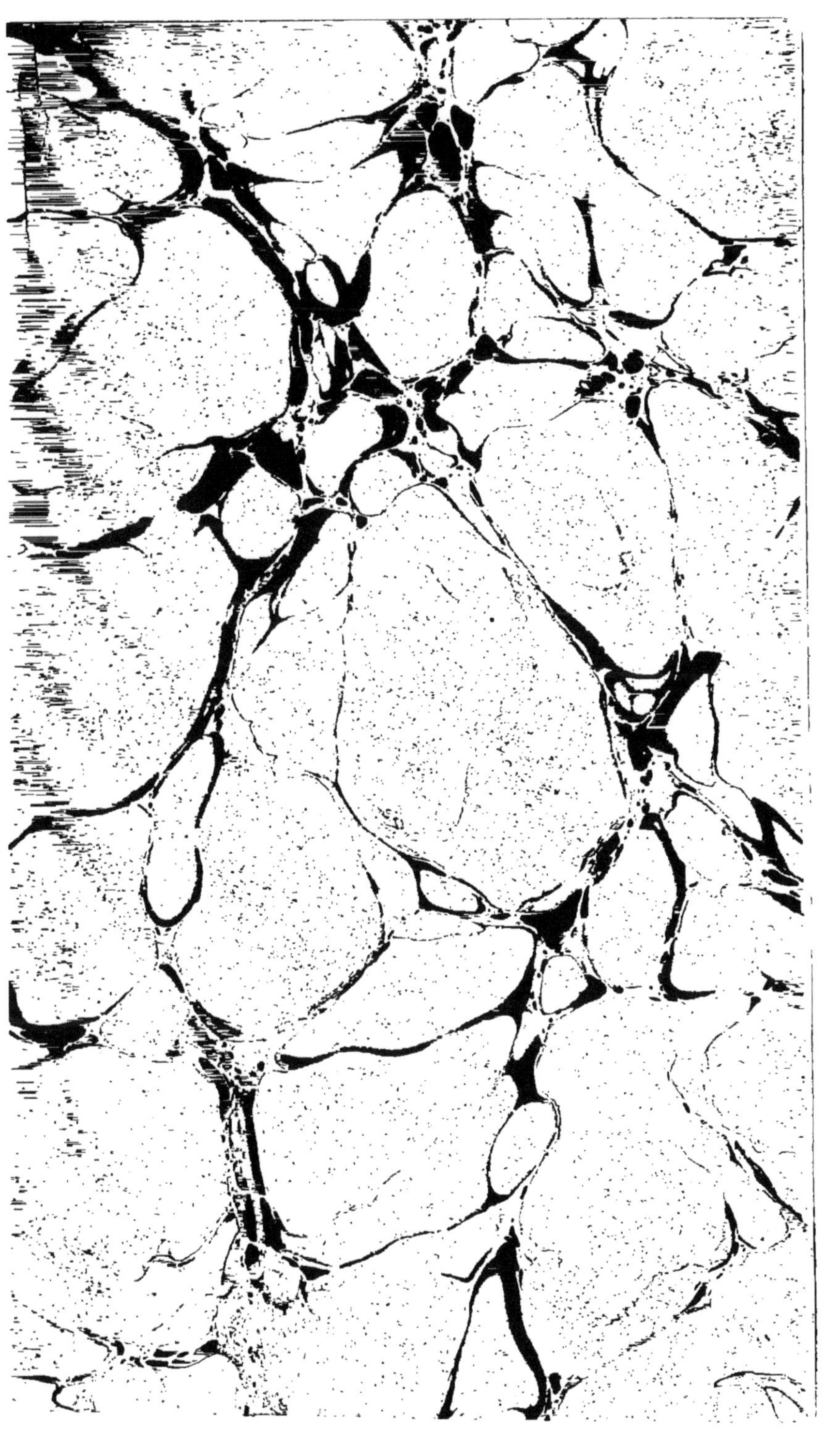

J. BOULANGER

TSEU

TRADUIT

LES BESSE

PARIS

LEROUX, ÉDITEUR

ARTE, VIe

1909

LXI. — *Catéchisme Bouddhique* ou introduction à la doctrine Bouddha Gotama, par SOUBHADRA BHIKSHOU. In-18.... 2 fr.

LXII. — *La Femme persane jugée et critiquée par un Persa* Traduction annotée par C. AUDIBERT. In-18............. 2 fr.

LXIII. — *Le Théâtre Japonais*, par M. A. LEQUEUX. In-18.. 2 fr.

LXIV *La Religion de Bab*, par CLÉMENT HUART. In-18... 2 fr.

LXV. — *Les Antiquités sémitiques*, par CH. CLERMONT-GANNEA In-18.. 2 fr.

LXVI. — *Un Diplomate ottoman en 1836*, affaire Churchill, p Akif-Pacha, traduit du turc par A. ALRIC. In-18........ 2 fr.

LXVII. — *L'Origine des Aryens*, par S. REINACH. In-18.. 2 fr.

LXVIII. — *Le Bouddhisme éclectique*, par L. de ROSNY.. 2 fr.

LXIX. — *La Bordah du Cheikh El Bousiri*, par R. BASSET.. 5 f

LXX. — *Petit Traicté de l'origine des Turcqz par Théodore Spa douyn Cantacasin*, publié et annoté par Ch. SCHEFER. In-18. 5 f.

LXXI. — *Code civil et pénal du Judaïsme*, traduit pour la premiè fois sur l'original chaldéo-rabbinique, par J. de PAVLY. In-18. 5 f

LXXII. — *Les Ruses des Femmes et Extraits du Plaisir après la Pein* traduit du turc, par J.-A. DECOURDEMANCHE. In-18......... 5 f

LXXIII. — *Quelques Odes de Hafiz*, traduites pour la première fo en français, par A. L. M. NICOLAS. In-18.............. 2 fr.

LXXIV. — *Le Miroir de l'Avenir*, recueil de sept traités de divina tion, traduits du turc, par J.-A. DECOURDEMANCHE. In-18. 2 fr.

LXXV. — *La Philosophie musulmane*, par L. GAUTHIER. 2 fr.

LXXVI. — *Meghadûta. Le Nuage messager*, poème de Kâlidâs traduit du sanscrit, par A. GUÉRINOT. In-18........ ... 2 fr.

LXXVII. — *Les Perles de la Couronne*, choix de poésies de Bâb Féghâni, traduites du persan par HOCÉYNE-AZAD. In-18.. 2 fr.

LXXVIII. — *Le Gîta-Govinda, pastorale de Jayadeva*, traduite pa G. COURTILLIER, avec une préface de S. LÉVI. In-18 .... 2 fr.

LXXIX. — *Le Livre de la Certitude* de BEHA-ULLAH, un des livre sacrés du behaïsme, traduit du persan, par Hippolyte DREYFUS MIRZA HABIB ULLAH CHIRAZI. In-18........................ 5 f

LXXX. — *Le Béyan arabe*, le livre sacré du Bâbisme, de SÉYYE ALI MOHAMMED dit LE BAB, traduit de l'arabe par A.-L.-M. NICOLAS premier interprète de la légation de France à Téhéran. In-18. 5 f

LXXXI. — *Monsieur Jourdan*, le botaniste parisien dans le Ka rabâgh, et le derviche Mèst 'Ali Châh, célèbre magicien, comédi en 4 actes de Mirzâ Fèth 'Ali 'Akhôndzâdè, traduite du turc azér par LUCIEN BOUVAT. In-18 .... 2 fr. 5

LXXXII. — *Les Préceptes du Béhaïsme*, de BEHA-ULLAH, traduit du persan par Hippolyte Dreyfus et Mirza Habib-Ullah Chirazi In-18... 2 fr. 5

LXXXIII. — *Les Trois Livres attribués au roi Salomon*, traduit de l'hébreu par JULES BESSE. In-18 — *I L'Ecclésiaste*.... 2 fr. 5

LXXXIV. — *Les Trois Livres attribués au roi Salomon*, traduit de l'hébreu par JULES BESSE. In-18. — *II Les Proverbes*. 2 fr. 5

LXXXV. — *Les Trois Livres attribués au roi Salomon*, traduits de l'hébreu par JULES BESSE. In-18. — *III. Le Cantique des Cantiques*... 2 fr. 5

LXXXVI. — *Poésies et anecdotes japonaises de l'époque des Taïra et Minamoto*, suivies de l'histoire de ces deux familles (782-118 ap. J.-C.), par J. DAUTREMER, ancien premier interprète à l'ambassade de la République française au Japon. In-18, planches. 2 fr. 5

LAO-TSEU

LAO-TSEU

TRADUIT

PAR JULES BESSE

PARIS
ERNEST LEROUX, ÉDITEUR
28, RUE BONAPARTE, VIe

1909

NOTICE HISTORIQUE SUR LAO-TSEU

(Tirée des Mémoires historiques de Sse-ma-tsien)

Lao-tseu naquit la troisième année de l'empereur Ting-wang [1], de la dynastie des Tcheou. Il était originaire du hameau de Khio-jin, qui faisait partie du bourg de Laï, dépendant du district de Khou [2], dans le royaume de Thsou. Son nom de famille était Li, son petit nom Eul, son

1. C'est-à-dire l'an 604 avant notre ère. Stan. Julien, à qui j'emprunte la traduction de ce morceau, prévient que cette date, conforme à la tradition historique la mieux établie, ne se trouve point dans la notice de Sse-ma-tsien et qu'il l'y ajoute.

2. Dans la province actuelle du Ho-nan.

titre honorifique Pe-yang, et son nom posthume Tan. Il occupa la charge de gardien des archives à la cour des Tcheou.

Confucius se rendit dans le pays de Tcheou pour interroger Lao-tseu sur les rites.

Lao-tseu lui dit : « Les hommes dont vous parlez ne sont plus ; leurs corps et leurs os sont consumés depuis bien longtemps. Il ne reste d'eux que leurs maximes.

Lorsque le sage se trouve dans des circonstances favorables, il monte sur un char ; quand les temps lui sont contraires, il erre à l'aventure. J'ai entendu dire qu'un habile marchand cache avec soin ses richesses, et semble vide de tout bien ; le sage dont la vertu est accomplie aime à porter sur son visage et dans son extérieur l'apparence de la stupidité.

Renoncez à l'orgueil et à la multitude de vos désirs ; dépouillez-vous de ces dehors brillants et des vues ambitieuses qui vous occupent. Cela ne vous servirait de rien. Voilà tout ce que je puis vous dire. »

Lorsque Confucius eut quitté Lao-tseu, il dit à ses disciples : « Je sais que les oiseaux volent dans l'air, que les poissons nagent, que les quadrupèdes courent. Ceux qui courent peuvent être pris avec des filets ; ceux qui nagent avec une ligne ; ceux qui volent avec une flèche. Quant au dragon qui s'élève au ciel, porté par les vents et les nuages, je ne sais comment on peut le saisir. J'ai vu aujourd'hui Lao-tseu : il est comme le dragon ! » [1]

Lao-tseu se livra à l'étude de la Voie et de la Vertu ; il s'efforça de vivre dans la retraite et de rester inconnu. Il vécut longtemps sous la dynastie des Tcheou, et, la voyant tomber en décadence, il se hâta de quitter sa charge et alla jusqu'au

1 C'est poli. Mais il n'y a pas à s'y tromper, Lao-tseu avait laissé à Confucius l'impression d'un homme parfaitement chimérique.

passage de Han-kou. In-hi, gardien de ce passage, lui dit : « Puisque vous voulez vous ensevelir dans la retraite, je vous prie de composer un livre pour mon instruction. » Alors Lao-tseu écrivit un ouvrage en deux parties qui renferment un peu plus de cinq mille mots, et dont le sujet est la Voie et la Vertu. Après quoi il s'éloigna ; l'on ne sait où il finit ses jours. Lao-tseu était un sage qui aimait l'obscurité.

Lao-tseu eut un fils nommé Tsong; Tsong fut général dans le royaume de Weï, et obtint un fief à Touan-kan. Le fils de Tsong s'appelait Tchou ; le fils de Tchou se nommait Kong ; le petit-fils de Kong s'appelait Hia. Hia remplit une charge sous l'empereur Hiao-wen-ti des Han. Kiaï, fils de Hia, devint ministre de Khiang, roi de Kiao-si, et, à cause de cette circonstance, il s'établit avec sa famille dans le royaume de Thsi.

Ceux qui étudient la doctrine de Lao-tseu la mettent au-dessus de celle des lettrés; de leur côté, les lettrés préfèrent Confucius à Lao-tseu. Les principes des deux écoles étant différents, il est impossible qu'elles puissent s'accorder entre elles. Suivant Lao-tseu, si le roi pratique le *non-agir*, le peuple se convertit; s'il reste dans une quiétude absolue, le peuple se rectifie de lui-même.

(Mémoires historiques de Sse-ma-tsien ; livre LXIII).

I

La doctrine que la parole peut formuler n'est pas la doctrine définitive.

Le nom qu'on vient à bout d'articuler n'est pas définitivement le Nom.

Le principe du Ciel et le principe de la Terre gardent l'anonymat.

A nommer le principe des choses mère des dix mille êtres voilà à quoi tout essai de nommer le principe des choses aboutit.

Voilà pourquoi la norme c'est le Non-désir de percer tout ce mystère. Voilà pourquoi la norme c'est d'aspirer à constater que l'on n'a des choses qu'une vision bornée.

Le mystère et les bornes de l'esprit ont fait leur apparition ensemble ; et depuis, unanimement, on n'a fait que proclamer difficile à connaître, de plus en plus difficile à connaître la porte par où l'on pourrait s'échapper du mystérieux.

II

Du jour où dans le monde on sut qu'il est beau de travailler dans le beau on vit le laid apparaître.

Du jour où dans le monde on sut exceller dans les agissements du bien et dans ses pratiques le mal fit son apparition.

Voilà pourquoi l'être et le non être sont produit l'un de l'autre. Voilà pourquoi le difficile fait le succès du facile et pourquoi du difficile le facile fait le succès. Voilà pourquoi le long et le court se doivent leur forme relative. Voilà pourquoi le haut et le bas se doivent leur position inverse. Voilà pourquoi les sons aigus et graves se doivent leur existence relative. Voilà pourquoi s'ensuivent l'un de l'autre ce qui est de première importance et ce qui pour l'importance ne semble venir qu'après.

Voilà pourquoi les saints s'en tiennent pour toute occupation au Non-agir. Voilà pourquoi les saints font consister toutes leurs instructions dans le silence. A l'heure où tous les hommes se lèvent, c'est l'heure du Non-agir qui commence pour les saints. Ils vivent et n'ont pas l'air de se douter qu'ils vivent. Ils ont une occupation et ne croient pas au mérite de ce qu'ils font. Ils sont bons à tout sans être autrement fixés sur quoi que ce soit. Ils ne sont que cela : des hommes nullement fixés sur quoi que ce soit.

Voilà pourquoi les saints ne quittent pour ainsi dire pas leur endroit [1].

1. Peut-être une raillerie. Confucius, zélé propagateur de la philosophie, voyageait beaucoup.

III

En n'exaltant pas les sages, on prévient dans le peuple l'esprit d'émulation et de dispute.

En n'attachant aucun prix aux biens d'une acquisition difficile on prévient dans le peuple les agissements de la friponnerie.

En n'apercevant autour de soi rien qui puisse être l'objet d'un désir on prévient dans le peuple le vague à l'âme.

Voilà pourquoi, quand les saints gouvernent, le principe directeur de leur gouvernement c'est de faire des esprits vides et d'emplir des ventres, de détendre les volontés et de fortifier les os.

Voilà pourquoi ils tiennent la main à ce que le peuple ne sache rien et ne désire rien.

Voilà pourquoi ils tiennent la main à ce que ceux qui savent n'osent pas agir.

Voilà pourquoi eux-mêmes pratiquent le Non-agir et pourquoi dans l'état dès lors tout va bien.

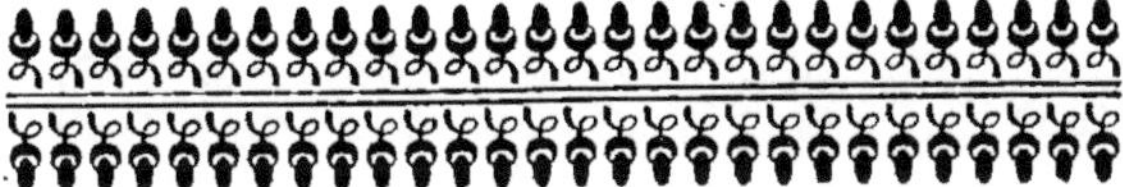

IV

La Doctrine c'est le vide; et pourtant à la pratiquer je doute qu'elle soit jamais assez vide.

Pour être plus profondément vide je m'identifie aux types ancestraux de l'humanité, j'émousse toutes les pointes de mon esprit, je tâche d'obtenir que rien ne me rattache plus à rien, je modère jusqu'à n'être plus qu'une faible lueur mes lumières, je m'identifie à la poussière.

Pour être plus profondément vide je ressemble à quelqu'un qui douterait s'il est encore en vie. Je ne sais plus de qui je suis le fils. Il me semble que j'existais déjà avant les légendaires empereurs.

V

Le point de vue du Ciel et de la Terre n'a rien du point de vue humain : tout leur semble avoir l'importance d'un roquet ou d'un fétu.

Le point de vue des saints n'a rien du point de vue humain : à leur estime, les cent familles [1] ne sont ni au-dessus ni au-dessous d'un fétu ou d'un roquet.

Au milieu des mondes, les saints se font l'effet d'être un soufflet de forge, un soufflet vide et pourtant inépuisable dont le rendement s'accélère avec le mouvement.

1. Le peuple chinois.

Au milieu des mondes les saints ont l'impression de parler beaucoup, de vivre clair-semés dans la détresse d'esprit la plus grande ; au milieu des mondes les saints n'ont aucune idée de garder le juste milieu [1].

1. Confucius le gardait. Encore une raillerie.

VI

Le revenant de la vallée n'est pas près de mourir. Ces autres revenants qu'on a nommés la mystérieuse femelle [1] et sa porte mystérieuse, ces autres revenants qu'on a nommés les fondements du Ciel et de la Terre font plutôt l'effet d'être permanents.

Et pourtant leurs agissements ne nécessitent ni application ni fatigue.

1. Probablement la mère des dix mille êtres. V. chap. I.

VII

Le Ciel et la Terre ont la durée. Ce qui rend possible cette durée, c'est l'esprit d'impersonnalité et de Non-initiative de la Terre et du Ciel. Ainsi s'explique la possibilité d'une pareille durée.

Ainsi s'explique-t-on que la vie des saints, pourtant préférable à tant d'autres vies, soit la dernière chose dont ils aient cure. Ainsi s'explique-t-on que la vie des saints qui sont pourtant des hommes bien conservés puisse leur être quelque chose de si complétement étranger.

N'est-ce pas parce que les saints ne poursuivent aucun but particulier ? voilà pourquoi le succès est leur signe particulier.

VIII.

L'idéal ce serait d'exceller à tout comme l'eau.

L'eau excelle à rendre d'innombrables services à tout ce qui existe sans y être stimulée par rien. La pensée que l'eau pourrait leur manquer est odieuse aux hommes. Aussi s'en faut-il de peu que l'eau ne mette les hommes sur la voie.

Sans y être stimulée par rien, à la maison l'eau excelle, à ses agissements souterrains l'eau excelle, à s'écouler en fontaines elle excelle, à exprimer la compassion [1] elle excelle, à l'élaboration de la parole [2] elle excelle, à témoigner de

1. Sous forme de larmes.
2. Sous forme de salive.

la lourdeur de l'impôt et de la corvée[1] elle excelle, à des besognes de toutes sortes elle excelle, pas un moteur comme elle n'excelle. Voilà pourquoi dans son cas nul ne s'avise de trouver de l'extraordinaire et du merveilleux.

1. Sous forme de sueur.

IX

« L'application même parfaite ne vaut pas le détachement de tout » tel est l'enseignement de cette Doctrine du ciel.

« A enquêter sur les choses et à y être ardent ne pas persévérer longtemps » tel est l'enseignement de cette Doctrine du ciel.

« Etre incapable de conserver une maison, d'or et de jade fût-elle pleine » tel est l'enseignement de cette Doctrine du ciel.

« Quand même la fortune aurait une origine honorable dont l'on puisse s'enorgueillir, de soi-même laisser cette calamité » tel est l'enseignement de cette Doctrine du ciel.

« Dès qu'on sent progresser son mérite et son génie, enrayer » tel est l'enseignement de cette Doctrine du ciel.

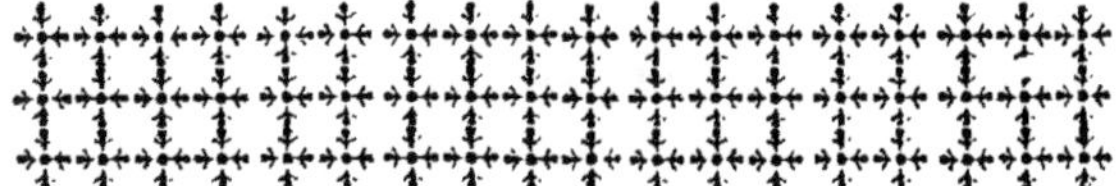

X

S'ils veulent que leur âme, capable de grands desseins, en contienne au moins un, oh ! qu'ils soient d'abord capables de ne tenir à aucun de leurs desseins ! [1]

S'ils veulent être dans toute l'acception du mot des hommes, oh ! qu'ils soient d'abord capables de ressembler pour la simplicité de l'esprit à un nouveau-né !

S'ils veulent être nets, oh ! que ces profonds docteurs soient d'abord capables de concevoir le Non-défaut !

Si ces princes veulent aimer leurs peu-

1. Le texte de Stan. Julien n'a pas la particule *hou* qui donne la forme exclamative à tout le chapitre.

ples et bien gouverner leurs royaumes, oh ! qu'ils soient d'abord capables de s'en tenir au Non-agir !

S'ils veulent voir s'ouvrir et se fermer la porte du Ciel, oh ! qu'ils soient d'abord capables comme les femelles de ne se livrer qu'à un minimum d'action !

S'ils veulent avoir une idée claire des Quatre Communications, oh ! qu'ils soient d'abord capables de s'en tenir au Non-savoir !

Qu'ils ne vivent que pour se nourrir ! Oh ! qu'ils vivent et n'aient pas l'air de se douter qu'ils vivent ! Oh ! qu'ils aient une occupation et ne croient pas à ce qu'ils font ! Oh ! qu'ils trouvent le moyen d'être des hommes d'état éminents sans jamais faire acte de gouvernement !

Oh ! comme alors il pourrait être question de leur vertu profonde !

XI

Les trente rais d'un moyeu, nul ne les voit agir ; et le char roule.

La glaise pétrie pour en faire un vase, nul ne la voit agir ; et le vase s'emplit.

Les murs percés de portes et de fenêtres qui composent une maison, nul ne les voit agir ; et la maison est d'un excellent usage.

Voilà pourquoi, alors que les agissements sont réputés utiles, c'est le Non-agir qui devrait être regardé comme bon.

XII

En s'adonnant aux cinq couleurs [1] les hommes surent que beaucoup d'entre eux ont la vue faible.

En s'adonnant aux cinq tons [2] les hommes surent que beaucoup d'entre eux sont durs d'oreille.

En s'adonnant aux cinq saveurs [3] les hommes surent que beaucoup d'entre eux sont gloutons.

En s'adonnant à la chasse à courre et à tir les hommes surent que dans beaucoup d'entre eux la cruauté se développe.

1. C'est-à-dire à la peinture.
2. C'est-à-dire à la musique.
3. C'est-à-dire à la gastronomie.

2

En s'adonnant à l'acquisition difficultueuse des biens de ce monde, les hommes surent de combien d'obstacles leur route sur terre est semée.

Voilà pourquoi le plus grand agissement que les saints se permettent c'est de prendre du ventre.

Voilà pourquoi leur parti pris de ne pas agir s'étend jusqu'à ne pas écarquiller les yeux.

Voilà pourquoi les saints, évitant de s'adonner à ce que j'ai dit, se règlent sur ce que je vais dire.

XIII

Dès qu'il y eut des honneurs, la bonne impression produite fut égale à l'abjection causée.

Dès qu'on estima plus particulièrement quelqu'un, le désir d'être quelqu'un ressembla à une grande inquiétude d'esprit.

Sur ces deux points je m'explique : la conséquence pratique des honneurs c'est la bassesse d'âme. Le cœur bat aux hommes qui en obtiennent. Les hommes à qui les honneurs échappent ressemblent à des chiens battus.

A l'origine de nos grandes inquiétudes d'esprit, il y a le désir d'être quelqu'un,

S'il nous était indifférent d'être ou de ne pas être quelqu'un, de quoi nous verrait-on nous soucier ?

Voilà pourquoi à l'homme qui est aussi étranger au gouvernement de lui-même qu'au gouvernement de l'empire on peut confier l'empire.

Voilà pourquoi à l'homme qui n'aime pas plus s'occuper de l'empire que de lui-même le soin de l'empire doit être confié.

XIV

L'homme qui regarde tout sans tenir à voir quoi que ce soit, un grand homme c'est ainsi qu'il faut le nommer.

L'homme qui écoute tout sans tenir à entendre quoi que ce soit, un homme rare c'est ainsi qu'on peut le qualifier.

L'homme qui prend tout sans tenir à prendre quoi que ce soit, son nom est l'homme subtil.

A l'esprit de ces trois hommes-là il ne peut venir de se demander le pourquoi des choses.

Voilà pourquoi, dussent-ils ne se livrer qu'à un agissement unique, leur état d'esprit est le trouble d'esprit. Ce dont

2.

ils font le plus de cas est l'obscurantisme. Ce dont ils font le moins de cas est l'instruction obligatoire.

A aucun moment de leur vie il n'est possible de leur assigner un nom. Continuellement ils en reviennent à la Non-affaire. Leur conversation est ce qu'on pourrait appeler le symbole de l'imprécision et de ce qui ne ressemble à rien. Ce qu'ils disent est ou vague ou incompréhensible. Placés devant quelque chose, ils n'ont pas la prétention d'en connaître l'endroit. Mis derrière cette chose, ils n'ont pas davantage la prétention d'en connaître l'envers. S'ils donnent quelque attention à cette Doctrine des anciens, c'est pour contrecarrer l'idée qu'en pourraient avoir leurs contemporains. Les plus capables arrivent à se mettre dans la tête une antiquité rudimentaire. Arrivés à ce point de la Doctrine, ils déclarent qu'on ne saurait aller plus loin.

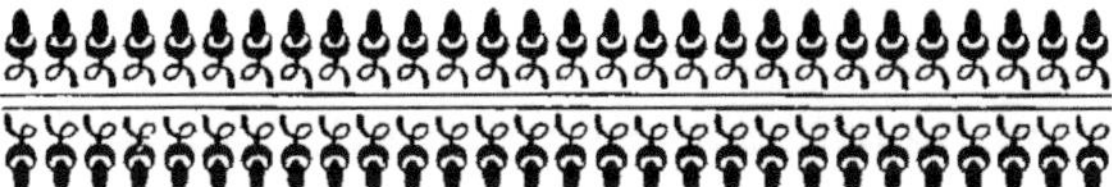

XV

Ceux des anciens qui excellaient à pratiquer cette Doctrine étaient de fort minces personnages, plutôt énigmatiques et à entendre malaisés.

Rien de profond n'arrivait à se graver dans leur mémoire. Eux seuls étaient capables de ne se souvenir de rien.

Voilà pourquoi il convient d'encourager nos contemporains à se faire au moins une idée de ce qu'étaient ces précurseurs.

Incertains, ces précurseurs l'étaient comme la glace d'un cours d'eau qu'on traverse en hiver.

Indécis, ces précurseurs l'étaient

comme un homme qui aurait à parer les coups de quatre de ses voisins, un l'attaquant de front, le second à droite, le troisième à gauche et le quatrième par derrière.

Pour la tenue ces précurseurs ressemblaient à des forains.

Disparaissant d'ici-bas, ces précurseurs s'en allaient sans laisser plus de traces que les neiges d'antan.

Appliqués à quelque chose et désireux de s'expliquer les choses, ces précurseurs l'étaient comme des têtes de bois.

Lumineux, ces précurseurs l'étaient comme une caverne.

Embrouillés dans leurs explications, ces précurseurs l'étaient comme le dernier des crétins.

Qui, sinon ces précurseurs, aurait pu avoir l'esprit troublé au point d'être obligé de garder la chambre? Qui, sinon ces précurseurs, aurait été capable de repos au point de ne mettre aucune hâte à vivre et de garder indéfiniment le lit?

Ceux des anciens qui se mettaient dans la tête la Doctrine ne désiraient pas s'en bourrer la cervelle. Ils n'étaient que cela : des hommes dont la tête n'est bourrée de rien.

Voilà pourquoi ils avaient assez d'esprit pour ne pas s'exagérer leur importance et pour ne pas s'obstiner à rénover la perfection ici-bas [1].

1. Comme Confucius.

XVI

La perfection ce serait, tout en observant un quiétisme intensif, d'être vide de toute idée.

Les dix mille êtres sont semblablement fabriqués: j'ai donc le moyen de montrer par mon exemple à quoi ils doivent toujours en revenir.

Les dix mille êtres en reviennent toujours à une pratique fondamentale. Des dix mille êtres qui en reviennent toujours à leur pratique fondamentale on peut dire qu'ils pratiquent le quiétisme. Du quiétisme on peut dire qu'il est l'ordre réitéré du Ciel. De cet ordre réitéré du Ciel on peut dire qu'il est l'ordre définitif du Ciel.

L'homme qui connaît cet ordre définitif du Ciel peut être dit éclairé. L'homme qui ne connaît pas cet ordre définitif du Ciel est désordonné, agité et malheureux. L'homme qui connaît cet ordre définitif du Ciel est magnanime. Etant magnanime, il peut dès lors être prince. L'homme qui connaît cet ordre définitif du Ciel, s'il est prince, peut dès lors être roi. S'il est roi, il peut dès lors être l'associé du Ciel. Etant l'associé du Ciel, il peut dès lors en pratiquer la Doctrine. Pratiquant la Doctrine du Ciel, il peut dès lors vivre vieux. L'homme qui connaît cet ordre définitif du Ciel en se sentant mourir n'a pas la sensation d'un danger.

XVII

A l'origine, il y eut des hommes qui se connurent des supérieurs et des inférieurs.

En suite de quoi supérieurs et inférieurs s'aimèrent.

Puis supérieurs et inférieurs se louèrent.

Puis supérieurs et inférieurs se craignirent.

Puis supérieurs et inférieurs se regardèrent de travers.

Dès qu'à la parole donnée s'ajoutèrent des gages, les hommes se manquèrent de parole.

Qu'il semble loin de nous ce noble langage : « La corvée terminée ou la corvée continuant, que les cent familles disent Nous y viendrions de nous mêmes! »

XVIII

De la grande Doctrine on tomba dans la charité et dans la justice.

Quand la prudence et la perspicacité sortirent de l'ombre, on vit apparaître l'hypocrisie.

Quand les six degrés de parenté se chamaillèrent, on vit poindre la piété filiale et l'amour conscient des parents pour leurs enfants.

Quand le trouble d'esprit et l'anarchie se mirent dans les familles du royaume, on vit apparaître la fidélité des sujets.

XIX

De la sagesse et de la prudence le peuple ne fait qu'un saut aux gains de cent pour cent.

Au sortir de la charité et de la justice, le peuple a vite fait de récidiver dans la piété filiale et dans l'amour conscient des parents pour leurs enfants.

De l'habileté et de l'ingéniosité le peuple passe avec aisance à la friponnerie et au brigandage.

On n'a jamais vu apparaître la sagesse, la prudence, la charité, la justice, la piété filiale et l'amour conscient des parents pour leurs enfants, sans constater en même temps leur très suffisante contre-partie : beaucoup d'âpreté au gain, de ruse, de brigandage et de friponnerie.

Voilà pourquoi il faudrait faire en sorte que le peuple, conservant sa tête de bois, s'en tînt à son esprit simplet, n'eût tout au plus qu'une demi-douzaine d'idées personnelles et ne s'attachât qu'à n'avoir un minimum de désir.

XX

Si l'homme renonçait à en savoir plus long, il s'épargnerait bien des chagrins.

Quelle misérable chose que la nuance qu'il s'imagine trouver entre deux particules ! Ceux qui excellent à l'étude et à ses pratiques, comme ils sont près d'y répugner !

Cette étude que tant d'hommes craignent tant, il est impossible que sans raison ils la craignent.

Même vieux, l'homme qui étudie n'a jamais fini d'apprendre. Toujours les hommes ont l'air de s'amuser comme quelqu'un qui se résout à faire un gros sacrifice ou comme quelqu'un qui gravit une tour interminable au printemps.

Moi, je ne suis que cela : une vanité. Je suis celui de qui l'on ne tire encore aucun indice pour pronostiquer de lui quoi que ce soit.

Je suis comme le nouveau-né qui n'a pas encore souri à sa mère.

Je passe tout mon temps en voiture et je laisse l'impression de quelqu'un qui n'aurait aucune idée du lieu où il va.

Tous les hommes ont du superflu. J'arrive seulement à me faire l'effet de quelqu'un qui a tout perdu.

Quel ignorant je suis! Quel chaos dans mon esprit!

Le premier venu est extrêmement brillant. Moi, je ne suis que cela : enténébré.

Tous les hommes sont des intellectuels. Je ne suis qu'extrêmement stupide.

Ballotté je le suis comme par la mer. Emporté je le suis comme par un tourbillon, avec la sensation de n'avoir jamais rien de solide sous les pieds.

Tous les hommes trouvent le moyen de se pousser à quelque chose. Je ne suis qu'un pauvre homme rebelle à toute culture et je n'arrive à la considération par rien.

Je n'aspire qu'à être le contraire de ce que désirent être les hommes tout en faisant honneur à ma nourrice.

XXI

L'impression du vide, telle est l'impression que doit laisser la vertu. Et cette impression est à elle seule toute la Doctrine. C'est ce qui ressort de tout ce qui suit :

Pour toute affaire et pour tout agissement la Doctrine ne demande à un adepte que d'être distrait et d'être hébété.

Oh ! qu'il est hébété ! oh ! qu'il est distrait ! En lui la distraction et l'hébétude ont leur symbole.

Oh ! qu'il est distrait ! oh ! qu'il est hébété ! L'hébétude et la distraction c'est pour lui la grande affaire.

Dans quelle solitude il est ! Et dans

quelles ténèbres il vit ! Les ténèbres et la solitude se partagent ce qu'il y a de meilleur en lui.

A l'heure où ce qu'il y a de meilleur en lui se montre, s'il croit à quelque chose il le garde pour lui.

D'hommes pareils à cet homme-là pas un dont le nom ait mérité à raison d'une enquête sur l'homme de passer de l'antiquité jusqu'à nous.

Comment sais-je donc à quoi m'en tenir sur les hommes ? en me pénétrant de ce qui suit.

XXII

Si l'homme laisse voir un grand malaise, il est parfait. S'il est déprimé, il est franc. Si c'est un songe-creux, il jouit de la plénitude de ses facultés. S'il n'a aucune importance, c'est un homme remis à neuf. S'il est insignifiant, il touche au but. S'il se croit quelque chose, il nourrit une grande illusion.

Voilà pourquoi les saints, n'ayant sur la conscience tout au plus qu'un agissement, donnent le plus bel exemple à l'empire.

Les saints n'ont aucune idée claire d'eux-mêmes. Voilà pourquoi, quand on les voit, c'est un trait de lumière.

Ils ne s'affirment pas comme des êtres exceptionnels. Voilà pourquoi ils sont décoratifs.

Ils ne s'exagèrent pas leur importance. Voilà pourquoi ils rendent le plus signalé des services à leur pays.

Ils n'ont aucune idée de leur mérite. Voilà pourquoi ils atteignent un âge avancé.

Ils sont les seuls dans l'empire à observer la Non-émulation. Voilà pourquoi dans l'empire ils n'ont pas de concurrents sérieux.

Déjà quand les anciens s'entretenaient c'était pour se dire : « Si l'homme laisse voir un grand malaise il est parfait. » Etait-ce dans leur bouche une parole futile ?

C'est en quoi ils se perfectionnaient, étaient parfaits et à quoi pourtant ils retournaient.

XXIII

Les paroles de ces ancêtres étaient rares, et c'étaient tout naturellement des choses comme celles ci : « Un coup de vent ne dure pas toute une matinée, une averse ne dure pas toute une journée. Les agissements du Ciel et de la Terre à quoi cela se réduit-il? Si les agissements du Ciel et de la Terre qui sont fort au-dessus des hommes se réduisent à peu de chose, combien plus l'homme devrait-il s'en tenir à un minimum d'agissements ! »

Voilà pourquoi, avec un minimum d'activité, on se mettait dans la tête la

Doctrine, on pratiquait la vertu et l'on arrivait au détachement de tout.

Voilà pourquoi, presque sans agissements, la Doctrine faisait des prosélytes, la vertu trouvait des adeptes et les disciples affluaient au détachement de tout.

Ces ancêtres ne se contentaient pas de dire la vérité : ils n'eurent jamais l'impression de la dire.

XXIV

Ceux qui, se dressant sur la pointe des pieds pour mieux voir, n'adoptent pas cette posture, ceux qui, enfourchant leur monture, en descendent avant qu'elle ait fait un pas, ceux pour qui la contemplation d'eux-mêmes n'est pas un trait de lumière, ceux qui, s'affirmant comme quelque chose, s'affirment plutôt comme des êtres peu décoratifs, ceux qui, amenés à faire leur propre éloge, cherchent en vain quel service signalé ils ont pu rendre à leur pays, ceux qui, amenés à faire leur apologie, n'ayant dit qu'un mot ont déjà fini, ceux-là sont sur la voie de la Doctrine. Si leur bouche vient déjà de fonctionner en émettant un son, ils jugent momentanément superflu qu'elle mange. S'ils viennent de parler, ils jugent tout autre agissement superflu.

La grande affaire pour eux c'est de répugner à la grande affaire.

Voilà pourquoi l'homme qui possède le mieux la Doctrine, c'est l'homme qui s'y montre le moins assidu.

XXV

Il y a une chose qui porte le trouble d'esprit à sa perfection, plus vite née qu'aucune production de la Terre et du Ciel, silencieuse, qu'on élabore à tâtons, une chose dont il est impossible d'apercevoir autre chose que les fondements et qui de l'état de projet ne passe jamais à un autre, une chose qui pour être parfaite doit être mise en pratique sans pourtant jamais être sur le point d'être pratiquée, une chose qui par le minimum d'agissements qu'elle exige pourrait être un modèle partout, une chose que je ne sais trop comment étiqueter.

Pour me faire entendre je l'appelle la Doctrine. Tout mon effort pour la mettre en pratique aboutit à l'appeler grande. Pour m'expliquer qu'elle soit grande, je me dis qu'elle me fuit. Pour m'expliquer qu'elle me fuie, je me dis qu'elle est profonde. Pour m'expliquer qu'elle soit profonde, je me dis qu'elle est peut-être le contraire de l'idée que je m'en fais.

Voilà pourquoi la Doctrine est grande au même titre que le Ciel, la Terre et Celui qui dirige tout.

Dans le monde il y a quatre grandes choses, et pourtant il y a quelque chose de meilleur qu'elles quatre : le quiétisme de Celui qui dirige tout.

L'homme a pour se régler la Terre. La Terre a pour se régler le Ciel. Le Ciel a pour se régler la Doctrine. Et la Doctrine a pour se régler le principe que tout va de soi.

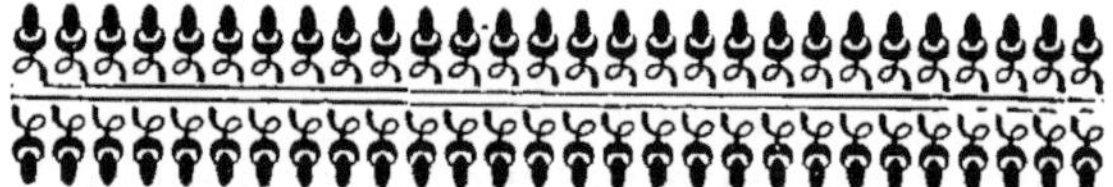

XXVI

Dès qu'on mit la gravité en pratique on commit des légèretés.

Dès qu'un prince pratiqua la maîtrise de soi, il y eut des hurluberlus qui en même temps furent des princes.

Voilà pourquoi, du lever du soleil à son coucher et pour toutes pratiques, les saints évitent de s'adonner à la maîtrise de soi et à la gravité.

Fût-il glorieux, regardé de tous et de loisir, le saint s'en tient à de rapides échanges d'idées tels que : Oui ou Comment cela se peut-il ?

Le saint peut avoir à lui dix mille chars : par le peu d'importance qu'il attache même alors à sa personne, cet homme-là juge du peu d'importance qu'il faut attribuer au gouvernement. Léger, il l'est alors au point d'oublier qu'il a des sujets. Inconsidéré, il l'est alors au point d'oublier qu'il a un prince.

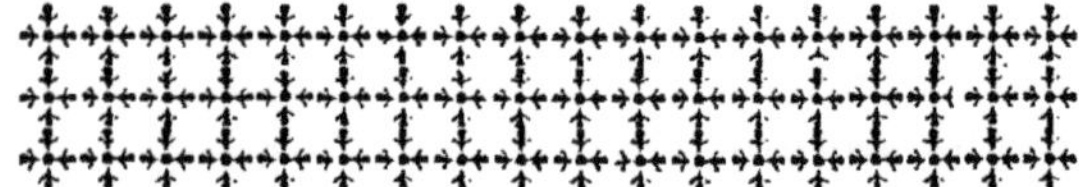

XXVII

L'homme qui excelle à tenir la bonne route, on n'y distingue pas ses traces.

L'homme qui excelle à parler on ne distingue pas s'il fait des fautes ou non en parlant.

L'homme qui excelle à compter, on ne voit pas agir ses bâtonnets [1].

L'homme qui excelle à être un homme fermé, on ne voit pas bien quel verrou il pousse, et la porte qu'il ferme nul ne peut l'ouvrir.

L'homme qui excelle à s'attacher les hommes, les hommes seraient bien en

1. Petites baguettes de bambou qui servaient, paraît-il, pour le calcul.

peine de dire par quoi ils lui sont indissolublement attachés.

Voilà pourquoi, même quand les saints, ne quittant pas les égarés d'une semelle, opèrent sauvetage sur sauvetage, même quand les saints, toujours le nez dans quelque affaire, ne cessent d'opérer le sauvetage des affaires les plus désespérées, les saints s'entendent dire : Un peu plus de lumière!

Voilà pourquoi, même quand les bons donnent leurs ordres aux mauvais, même quand les mauvais pourvoient aux besoins des bons, on ne voit pas les mauvais honorer les bons, on ne voit pas les bons aimer les mauvais, et l'on n'arrive pas à y voir clair, dût-on être doué de la perspicacité la plus grande, tout ce qui se passe entre bons et mauvais ayant la réputation d'être essentiellement mystérieux.

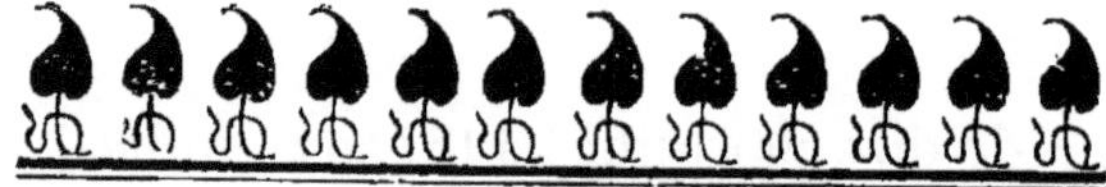

XXVIII

Pour donner l'impression de la force garder sa faiblesse.

Pour gouverner les vallées de l'empire[1], invariablement incliner à ne s'attacher à rien et à retourner à la mentalité des tout petits enfants.

Pour donner l'impression de la clarté, continuer à tâtonner dans ses ténèbres.

Pour être donné en exemple à ceux qui gouvernent l'empire, invariablement incliner à ne pas découvrir de faute dans l'humanité et à se rapprocher autant que possible de la nullité.

1. C. à d. l'empire.

Pour se faire connaître sous un jour honorable garder le sentiment très net de son abjection.

Pour gouverner les vallées de l'empire invariablement incliner à se montrer un homme insuffisant et à redevenir un simple d'esprit.

C'est à être des simples d'esprit et des inutiles qu'on voit les saints, pourtant ministrables, s'exercer. Mais dès lors les saints peuvent assumer les plus hautes magistratures.

Voilà pourquoi les grands hommes d'état sont ceux qu'on entend et qu'on voit le moins gouverner.

XXIX

L'homme qui serait sur le point d'obtenir l'empire et ne s'en livrerait pas moins à des agissements tendancieux, je ne le vois pas bien obtenant l'empire.

L'empire a des rouages merveilleux et divins qu'on ne voit pas agir. L'homme qui a recours à des agissements gâte ses affaires. L'homme qui s'empare de l'empire le perd.

Voilà pourquoi toute l'action qu'un prétendant puisse se permettre c'est ou de se promener ou de suivre ses partisans ou d'émettre un souffle chaud ou d'émettre un souffle froid ou de bander un arc ou de maigrir ou de se laisser transporter en voiture et en barque ou d'être renversé par une voiture.

Voilà pourquoi on entend dire si souvent aux saints : Pas de zèle, pas de zèle, surtout pas de zèle !

XXX

C'est par la grâce de la Doctrine et non en faisant appel à la force armée que les princes et les ministres qui les secondent consolideront l'empire.

La grande affaire pour les princes et les hommes d'état, c'est l'amour et encore l'amour [1].

Là où des armées ont campé poussent les épines et les ronces. Le goût des grandes armées se paie en années calamiteuses.

L'homme d'état qui par la grâce de la

1. L'amour du peuple vraisemblablement. Mais je n'en jurerais pas.

Doctrine est un profond politique arrive à de grands résultats sans qu'on sache comment il arrive à un résultat. C'est un homme timide qui n'a aucun goût pour la spoliation et pour les coups de force. Il arrive à de grands résultats sans croire rendre d'éclatants services à son pays. Il arrive à de grands résultats sans envahir un territoire. Il arrive à de grands résultats sans perdre son air modeste d'antan. Il arrive à de grands résultats sans se satisfaire. Il arrive à de grands résultats sans qu'on sache jamais s'il s'est appliqué à quoi que ce soit.

Sa grande affaire, arrivé dans la force de l'âge, c'est de prendre pour modèles les petits vieux.

Ce qui revient à dire que cet adepte de la Doctrine s'abstient de n'importe quelle espèce de pratiques et qu'il renonce dès l'aube à toute activité.

XXXI

Les armes perfectionnées sont l'instrument de règne d'un mauvais prince. La grande affaire pour un prince c'est d'y répugner.

Voici pourquoi les adeptes de la Doctrine ne s'en tiennent pas à l'emploi des armes perfectionnées :

Dans le protocole des préséances, quand il s'agit de placer des sages, les places en vue sont à gauche. Dans le protocole des préséances, quand il s'agit de placer les empiriques du militarisme, les places en vue sont à droite.

Les armes perfectionnées sont l'outil

des mauvais princes. Elles ne sont pas l'outil des sages. Une fois appel fait à la force, fatalement on récidive. Les agités qu'on a faits, on n'a plus le pouvoir de les ramener au calme.

Vaincre des hommes et approuver des pratiques de gouvernement que tout le monde réprouve, c'est proprement se plaire à tuer des hommes. L'homme qui se plaît à tuer des hommes on ne lui permet pas longtemps de se livrer à son penchant dans l'empire.

Dans les cérémonies consacrées aux événements heureux, les places distinguées et en vue sont à gauche. Dans les cérémonies funèbres les places qu'on réserve à la famille sont à droite.

Au cours des obsèques, le général commandant en second devrait occuper la gauche. Le général commandant en chef devrait occuper la droite. Ce qui revient à dire que pour placer le général le plus élevé en grade on devrait avoir égard aux rites funèbres. L'homme qui a tué un très grand nombre d'hommes, sa place indiquée est là où l'on porte le deuil et où l'on pleure avec des sanglots. L'homme qui a combattu et vaincu des hommes, on devrait se conformer aux rites funèbres pour le placer [1].

1. Il paraît que les généraux chinois étaient réellement placés ainsi. Il m'a semblé que Laotseu exprimait des desiderata protocolaires.

XXXII

La Doctrine c'est de s'en tenir à la résolution de n'être toujours qu'un fort petit personnage et un simple d'esprit.

Supposé que des roitelets et des principicules osassent songer à l'empire, s'ils s'en tenaient à la résolution de n'être toujours que de fort petits personnages et des simples d'esprit, tous les peuples de l'empire accourraient se soumettre à eux comme à des défenseurs éventuels.

Le temps que le Ciel et la Terre soient d'accord pour produire le phénomène de l'opportune rosée, et, sans que le prince ait à rendre une ordonnance, le peuple s'organiserait.

La première chose à faire c'est de réduire à un minimum l'attrait de la notoriété. Si déjà cet attrait existe, il convient de savoir s'arrêter sur cette pente.

Une fois arrêtés sur la pente de la notoriété, les hommes ne sont plus dangereux.

Pour user d'une comparaison, l'idée qu'il faut prendre de la Doctrine c'est qu'elle ne devrait pas laisser plus de traces dans l'empire que n'en laissent les ruisseaux dans un grand fleuve ou dans l'océan.

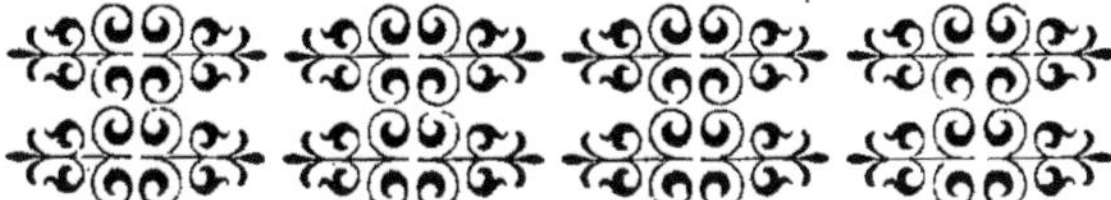

XXXIII

Connaître les hommes cela sent déjà sa sagesse.

Se connaître soi-même c'est déjà le fait d'un illuminé.

Surpasser les hommes c'est déjà l'application.

Se surpasser soi-même c'est déjà l'effort.

Savoir de quoi l'on pourrait se contenter c'est déjà rêver d'un magot immense.

Faire l'effort d'un mouvement c'est déjà avoir un but.

Ne pas oublier en quel lieu on est cela sent déjà son vieil homme.

Rêver de laisser après décès quelque trace dans la mémoire des hommes cela sent déjà sa sénilité.

XXXIV

Les plus grands adeptes de la Doctrine sont les hommes que la Doctrine laisse indécis. On les voit prendre à gauche ; mais on a l'impression qu'ils pourraient tout aussi bien aller à droite.

Tout le monde attend d'eux un principe directeur de la vie et ils ne desserrent pas les lèvres.

Leur mérite est accompli sans qu'on sache jamais en quoi consiste ce mérite. Ils nourrissent avec amour tout un peuple et sont aussi peu hommes de gouvernement que possible. Ils sont toujours en train de n'aspirer à rien et de ne pas faire dans le monde plus de bruit que les plus mesquins d'entre les petits.

De toutes parts des multitudes viennent à eux pour être gouvernées, et parmi ceux qui sont aussi peu hommes de gouvernement que possible ils sont ceux qui le sont le moins.

Voilà pourquoi jusqu'à la fin l'aptitude des saints au Non-agir est si grande.

Voilà pourquoi, s'il était permis de dire des saints qu'ils sont perfectibles, c'est par le farniente qu'ils deviennent plus grands.

XXXV

C'est au moment où l'on s'attache le
us fortement aux grands modèles que
ıns l'empire les grands modèles s'en
ɔnt.

C'est quand les grands modèles s'en
ɔnt sans que leur disparition soit con-
dérée comme un désastre pour l'em-
ire que le bonheur dans l'empire est
ʒalement réparti et grand.

C'est quand tous les grands enfants
.cilement amusés de l'empire sont en
esse à l'idée de s'attabler devant un
âteau de riz que l'étranger qui ordinai-
ement ne fait qu'y passer s'y arrête.

C'est quand on essaie avec des mots

de formuler la Doctrine qu'on mesure à quel point sont insipides les mots.

C'est quand les hommes s'avisent d'écarquiller les yeux que leur vue devient insuffisante.

C'est quand les hommes s'avisent d'écouter de toutes leurs oreilles que leur ouïe le devient aussi.

C'est quand les hommes s'avisent d'agir qu'ils n'arrivent à rien.

XXXVI

Si les hommes ne tendaient et n'aspiraient qu'à mettre de l'air dans leurs poumons, conséquemment et nécessairement ils se développeraient.

S'ils ne tendaient et n'aspiraient qu'à être faibles d'esprit, conséquemment et nécessairement ils seraient des gaillards solides.

S'ils ne tendaient et n'aspiraient qu'à cesser leurs agissements, conséquemment et nécessairement ils grandiraient d'autant.

S'ils ne tendaient et n'aspiraient qu'à prendre, conséquemment et nécessairement ils auraient de quoi faire des largesses.

S'ils se sentaient être ce qu'ils appellent Être aussi peu que rien, ce serait pour eux un trait de lumière.

S'ils étaient mous, ils vaincraient le dur.

S'ils étaient faibles, ils vaincraient la force.

Les poissons ne peuvent sans mourir être tirés de leurs abîmes.

Il faut cacher au peuple tout ce qui pourrait alléger son fardeau.

XXXVII

La Doctrine s'en tient à un Non-agir de tous les instants, et n'en est pas moins complètement pratiquée.

Si les rois et les grands feudataires, s'en tenant au Non-agir, mettaient de cette manière en pratique la Doctrine, leurs peuples reviendraient d'eux-mêmes à la norme.

Les peuples une fois revenus à la norme, s'il arrivait que ces hommes remuants s'excitassent de nouveau sur quoi que ce soit, pour les contenir je tenterais de les faire retourner à la simplicité d'esprit d'un homme qui pratique l'anonymat.

Si mes gens, retournés à la simplicité d'esprit d'un homme qui pratique l'anonymat, pouvaient de plus aspirer au Non-désir et y arriver par le farniente, l'empire de lui-même se rectifierait [1].

1. L'ouvrage est divisé en 2 livres et en 81 chapitres. Ici finit le 1er livre.

XXXVIII

Dans un homme supérieur la vertu ne laisse deviner aucun agissement. C'est même pour cela qu'il est vertueux.

La vertu du vulgaire ne se laisse pas oublier. C'est même pour cela que le vulgaire n'est pas vertueux.

L'homme d'une vertu supérieure pratique le Non-agir et sa vertu passe inaperçue. La vertu du vulgaire procède à ses pratiques et il n'échappe à personne que le vulgaire se livre à des agissements.

La haute charité est pratiquée avant que personne ne s'en doute.

On croit prendre sur le fait la justice

suprême et l'on ne prend sur le fait que sa contrefaçon.

La haute fidélité au culte et aux rites est observée sans qu'on aperçoive nulle part un agissement qui corresponde à des pratiques. Tout au plus voit-on pour l'observer se retrousser des manches aussitôt ramenées sur les bras.

Voilà pourquoi, après avoir laissé passer la Doctrine sans la voir, on laisse passer la vertu sans y faire attention. Voilà pourquoi, après avoir laissé passer la vertu sans la voir, on laisse passer sans y faire attention la haute charité. Voilà pourquoi, après avoir laissé passer la haute charité sans la voir, on laisse passer sans y faire attention la justice suprême. Voilà pourquoi, après avoir laissé passer la justice suprême sans la voir, on laisse passer la haute fidélité au culte et aux rites sans y faire attention.

Cette haute fidélité au culte et aux rites, dès qu'on y mêle la droiture et la sincérité, est superficielle, et au contraire, quand on l'observe dans la plus grande confusion d'idées, commence.

Le haut savoir d'antan, dès qu'on se mêle de l'exprimer par la parole, n'a que l'éclat éphémère des fleurs, et au contraire, quand on le porte avec toute l'apparence de la stupidité, commence.

Voilà pourquoi le Non-agir est pour les hommes supérieurs le solide et pourquoi les agissements sont le superficiel pour eux.

Voilà pourquoi le Non-agir est pour les hommes supérieurs le fruit et pourquoi les agissements n'ont dans leur idée que l'éclat éphémère d'une fleur.

Voilà pourquoi, renonçant au superficiel et à jeter l'éclat d'une fleur éphémère, les hommes supérieurs se règlent sur ce qui va être dit dans le chapitre suivant.

XXXIX

Les choses du passé n'ont eu que la peine de passer.

Le Ciel n'a qu'à être pur. La Terre n'a qu'à être indéfiniment paisible. Le génie de l'homme n'a qu'à laisser fonctionner des organes. Le vide n'a qu'à se laisser remplir. Les hommes n'ont qu'à se laisser vivre. Les rois et les feudataires n'ont qu'à se laisser donner leur titre.

Pour remplir toute leur destinée pas besoin d'autre effort.

Du jour où l'on pensa que le Ciel a autre chose à faire qu'à être pur, on commença à craindre qu'il ne fondît. Du jour où l'on pensa que la Terre a autre chose à faire qu'à être indéfiniment paisible, on commença à craindre qu'elle ne fût sujette à des perturbations. Du jour où l'on pensa que le génie a autre chose à faire qu'à laisser faire ses organes, on commença à craindre qu'il ne se dissipât. Du jour où l'on pensa que le vide a un autre effort à faire que de se laisser remplir, on commença à craindre qu'il ne fût las. Du jour où l'on pensa que les hommes ont autre chose à faire qu'à se laisser vivre, on commença à craindre qu'ils ne s'éteignissent. Du jour où l'on pensa que les rois et les feudataires peuvent être de hauts et puissants princes sans être nécessairement pour cela des modèles, on commença à craindre qu'ils ne fussent renversés.

Voilà pourquoi l'origine du noble est à chercher dans l'idée du vil. Voilà pourquoi l'origine du haut est à chercher dans l'idée du bas.

Voilà pourquoi quand les rois et les

feudataires, ayant à parler de leur personne, se traitent couramment de « Rebut de la société » de « Pas grand'-chose » et de « Pauvre d'esprit » [1], on peut se demander si ce n'est pas pour mieux suggérer qu'ils ont l'âme haute et noble.

Voilà pourquoi, pour mieux suggérer qu'ils possèdent des chars innombrables, ils se disent sans char du tout.

Voilà pourquoi ils désirent tant ne pas être estimés comme du jade et souhaitent même être déclarés aussi communs que des cailloux.

1. Formules d'humilité alors usitées.

XL

Être rebelle à tout agissement voilà le seul agissement que la mise en pratique de la Doctrine exige.

Un esprit mou voilà tout ce que la Doctrine exige pour être pratiquée.

Pour être le monde, le monde se croit tenu à tous les agissements : il ne parvient à être que par le Non-agir.

XLI

Parmi les lettrés qui entendent parler de la Doctrine les uns font du zèle pour la pratiquer, les autres croient devoir écouter avec une attention telle qu'on se demande s'ils sont encore vivants ou déjà morts, d'autres enfin, craignant de n'être pas à la hauteur, croient devoir prendre un air béat.

Voilà pourquoi nous nous permettrons de leur adresser ces paroles initiatrices :

Quand on voit clair dans la Doctrine, on a la sensation d'y voir clair comme dans un four. Quand on fait les plus grands progrès dans la Doctrine, on doit avoir l'impression de s'en éloigner tous lès jours un peu plus. Comparée aux autres doctrines, la Doctrine doit donner l'impression d'avoir à elle seule plus de trous et de lacunes que toutes les autres doctrines ensemble. La vraie et grande vertu doit donner l'impression du vide. L'homme d'une candeur immaculée doit plutôt faire l'effet d'un homme qui aurait des taches dans sa vie. La vraie et grande vertu, quand elle se répand dans le monde, doit sembler insuffisante.

Devant la vraie et grande vertu bien établie on doit avoir l'impression de quelque chose de frivole. De l'homme qui va droit au but on doit plutôt penser Quelle girouette ! Devant la Doctrine on doit avoir la sensation d'un grand carré qui n'aurait pas d'angles, d'un grand vase qui ne serait pas près d'être achevé, d'une grande parole qui resterait en route et d'une grande forme qui resterait confuse. Devant la Doctrine on doit avoir la sensation qu'elle est une énigme et qu'on serait bien en peine de lui donner un nom. De la Doctrine on doit emporter l'impression qu'elle est la seule qui excelle à commettre des erreurs et n'en est pas moins pratiquée en toute perfection.

XLII

Du jour où la Doctrine eut un disciple, deux disciples pour la pratiquer firent du zèle, trois disciples crurent devoir l'écouter avec une attention telle qu'on put se demander s'ils étaient encore vivants ou déjà morts, elle eut pour l'écouter avec un air béat tous les hommes, tout le monde eut par dessus la tête du principe yin et n'en prit pas moins à cœur le principe yang,[1] tous les hommes, devenus de profonds intellectuels, passèrent pour être d'accord,

1. Deux principes qui, unis, constituent tous les êtres, et dont Lao-tseu parle ici bien peu respectueusement.

rien ne répugnant autant aux hommes que d'être traités de « Rebut de la société » de « Pas grand'chose » et de « Pauvres d'esprit » ce n'est pas autrement que les rois et les principicules se traitèrent en public.

Voilà pourquoi la grande affaire c'est d'obtenir tantôt que le déclin de la Doctrine augmente, tantôt que la renaissance de la Doctrine diminue.

Voilà pourquoi je ne me donne pas la peine d'enseigner autre chose que ce que des hommes ont déjà enseigné avant moi.

Voilà pourquoi les entêtés qui s'obstinent à jeter un pont entre ce qu'on sait et ce qu'on saura, je n'aurai pas la satisfaction de les voir de sitôt disparaître.

Voilà pourquoi moi-même je passerai pour aimer comme un père la vulgarisation de la philosophie.

XLIII

Or de tous les enseignements répandus dans l'empire mon enseignement est le plus mou. De tous les hommes que cet enseignement pourrait faire courir pas un, fût-il classé parmi les esprits forts de l'empire, n'arriverait à pénétrer l'impénétrable Doctrine que cet enseignement répand.

Voilà pourquoi toute ma science personnelle se borne à connaître les avantages du Non-agir.

Voilà pourquoi tout mon enseignement consiste dans le silence.

Voilà pourquoi ceux qui arrivent à concevoir tous les avantages du Non-agir, ils sont plutôt rares ici-bas.

XLIV

Ceux qui arrivent à concevoir les avantages du Non-agir qu'aimeraient-ils? la gloire? la culture de leur moi?

Que préféreraient-ils? la culture de leur moi? l'argent?

Le gain leur serait-il moins odieux que la perte?

Aussi estiment-ils que se passionner pour quelque chose c'est nécessairement se dépenser beaucoup, qu'amasser connaissance sur connaissance c'est nécessairement perdre copieusement son temps.

Aussi savent-ils se contenter du Non-déshonneur, du Non-danger et de la simple possibilité d'une longue vie,

XLV

La grande perfection doit laisser l'impression d'un vase fêlé qui laisse échapper son contenu.

La grande plénitude de nos facultés doit donner l'impression du vide et de quelque chose en train de s'élaborer.

La grande rectitude doit laisser l'impression de quelque chose de contourné.

La grande habileté doit donner l'impression de grandes maladresses commises.

En se produisant dans le siècle, l'esprit de décision doit laisser l'impression d'un bégaiement incurable.

Pour tout mouvement l'homme qui se

vainc vraiment lui-même doit se permettre un souffle froid.

Un souffle chaud c'est toute la récréation qu'un homme qui se vainc vraiment lui-même peut se permettre.

Dans le farniente pur et simple toutes les saines pratiques d'un bon gouvernement sont comprises.

XLVI

Dans les temps où la Doctrine fleurit dans l'empire, tous les chevaux qui galopent dans l'empire ne sont plus utilisés que pour leur crottin.

Dans l'empire, quand la Doctrine n'y fleurit pas, on s'adonne à l'élevage du cheval de guerre dans toute l'étendue de la zône kiao[1].

Le plus grand malheur qui puisse arriver à l'empire c'est la possibilité du désir. La pire des calamités qui puisse échoir à l'empire c'est qu'on s'y croie

1. Une zone de terrain qui s'étendait des faubourgs de la capitale jusqu'à une distance de cent *li*. Le *li* = environ 600 mètres.

suffisamment ignorant. La pire des erreurs dans l'empire c'est qu'on y souhaite arriver à quoi que ce soit.

La seule chose à savoir suffisamment dans l'empire c'est que la connaissance la plus ordinaire du rudiment suffit.

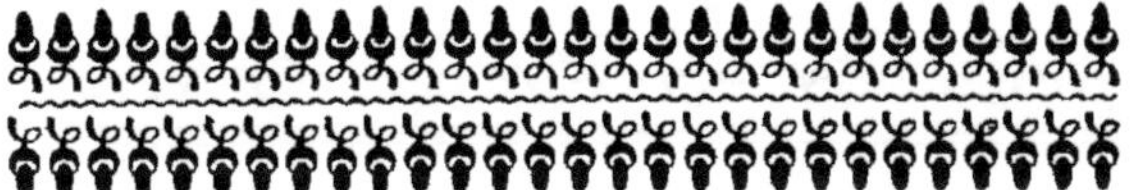

XLVII

S'ils ne passaient point le seuil de leurs portes, les hommes pourraient connaître tout ce qui se passe ici-bas.

S'ils ne regardaient point par leurs fenêtres, les hommes pourraient entrevoir la Doctrine, cette doctrine du ciel.

Vaste enquête — petite science.

Voilà pourquoi les saints ne font pas un pas, dussent-ils avoir devant eux l'omniscience.

Voilà pourquoi les saints regardent dans le vide, dussent-ils avoir devant eux leur plus notoire contemporain.

Voilà pourquoi, eussent-ils l'espoir de perpétrer un chef-d'œuvre, les saints s'en tiennent au Non-agir.

XLVIII

L'homme qui se livre aux agissements de l'étude veut chaque jour en savoir plus long. L'homme qui met en pratique la Doctrine, la connaissance qu'il a de la Doctrine de jour en jour diminue. Elle diminue et encore diminue jusqu'à ce qu'il perde de vue la Doctrine. Il perd de vue la Doctrine, et c'est alors qu'il la pratique dans toute son étendue.

C'est en persévérant jusqu'au bout à ne rien faire pour s'emparer de l'empire qu'on obtient l'empire.

L'homme qui en arrive aux agissements pour s'emparer de l'empire est insuffisant.

XLIX

Les saints n'ont pas d'idées arrêtées. Sur la mentalité des cent familles ils règlent leur mentalité. Si j'excelle à quelque chose, ils déclarent que tout va bien. Si je n'excelle à rien, ils me reconnaissent de grandes dispositions à me bonifier. Si j'annonce que je crois tenir la vérité ils laissent entendre que la chose ne leur paraît nullement invraisemblable. Si je me rétracte, ils n'en reconnaissent pas moins que j'ai de grandes dispositions à mettre la main dessus.

Les saints, dans l'empire, ne font pas autre chose qu'aspirer de l'air dans leurs poumons. S'il leur arrive de gouverner, un chaos c'est leur esprit.

Quand tous et toutes écoutent et regardent dans la direction des saints, les saints regardent tous et toutes comme de grands enfants.

L

Du jour où la vie fit son apparition [1] l'obsession de la mort entra.

Treize apprentis de la vie : treize apprentis de la mort. Dès qu'un homme se sent vivre mort d'agité s'ensuit.

Pourquoi en treize lieux plutôt qu'en un la vie des hommes s'écoule-t-elle ? parce qu'ils s'exagèrent l'importance de l'agitation dans la vie.

Que n'écoutent-ils ceux qui excellent à ordonner confortablement la vie ! Ces saints hommes ne voyagent que sur la

1. C'est-à-dire du jour où l'homme eut conscience de la vie...

terre ferme et seulement quand ils sont sûrs de ne rencontrer ni rhinocéros, ni tigre, ni hommes malintentionnés, militaires ou pas. Il faut qu'ils aient la certitude qu'un rhinocéros ne les trouera pas de sa corne, qu'un tigre ne les déchirera pas de ses griffes et que des militaires, cherchant l'occasion de les occire, n'en trouveront pas les moyens.

Pourquoi cette prudence ? parce qu'ils n'ont aucune idée d'un séjour qui serait réservé aux morts.

LI

La Doctrine consiste à se laisser vivre.

Toutes les pratiques de la vertu consistent à laisser se développer la vertu.

La grande affaire se réduit à un projet.

Le seul effort à faire c'est d'en finir avec tout nouvel effort.

Voilà pourquoi il n'est pas un homme qui ne puisse faire honneur à la Doctrine même tout en faisant déjà honneur à la vertu. Voilà pourquoi, sans se faire prier, spontanément et invariablement, tous les hommes sont capables de faire honneur à la vertu et à la Doctrine.

Voilà pourquoi, tout l'enseignement de la Doctrine consistant à se laisser vivre et à laisser croître, grandir, se développer, tendre à perfection, mûrir, s'entretenir et se contredire la Doctrine, les saints vivent et n'ont pas l'air de se douter qu'ils vivent, les saints ont une occupation et ne croient pas au mérite de ce qu'ils font, les saints trouvent le moyen d'être des hommes d'état éminents sans faire acte de gouvernement.

C'est ce qu'on appelle une vertu profonde.

LII

Du jour où l'on attribua au monde un commencement, le monde se trouva avoir une mère comme toutes les autres.

Du jour où le monde eut sa mère, après avoir enquêté sur la mère, on crut pouvoir enquêter sur son enfant. Du jour où l'on enquêta sur l'enfant de cette mère, on récidiva. La race de ceux qui gardent à cet enfant sa mère, on ne la verra pas de sitôt s'éteindre ici-bas[1].

Ne plus flâner à sa fenêtre, condamner sa porte et jusqu'à la fin de sa vie ne plus s'appliquer à rien, passer sa porte,

1. V, Chap. I et VI.

vaquer à une occupation et n'en pas moins être inutile à la société, avouer qu'on n'y voit goutte et dans cet aveu voir une grande lumière, conserver son esprit mou et voir là-dedans un grand effort, quand on pourrait utiliser ses lumières recourir aux lumières d'autrui, sentir sa misère sitôt qu'on cesse de ne plus faire attention à soi, c'est ce qu'on appelle énoncer la règle jusqu'à se répéter.

LIII

Ma crainte c'est de faire des docteurs qui, ayant leur siège fait, s'en tiendraient à la grande Doctrine. Ma crainte c'est d'avoir des sectateurs qui feraient du zèle pour pratiquer la grande Doctrine. Ma crainte c'est d'avoir des disciples qui ne songeraient qu'à la propager.

Ma crainte c'est qu'on s'exagère l'importance de la grande Doctrine et que des snobs se plaisent à y trouver leur voie.

Ma crainte c'est que les belles résidences, jugées superflues pour qui possède la Doctrine, soient désertes, que les meilleures terres, jugées superflues pour qui possède la Doctrine, restent en friche, que les greniers, jugés superflus pour qui possède la Doctrine, demeurent vides, que les belles vêtures, les belles armes, la gourmandise, le goût de la boisson et les riches colifichets soient jugés superflus pour qui possède la Doctrine.

Oh ! plutôt que de vanter la Doctrine faire l'éloge des voleurs et des brigands !

LIV

Les plus aptes à jeter en eux les fondements de la vertu ne se tirent plus de cette opération préparatoire.

Les plus habiles à conserver en eux la vertu, toujours sur leurs gardes ne se dévêtent plus.

Si les hommes se contentaient d'assurer à leurs ancêtres une suite ininterrompue de descendants et d'offrandes, s'ils se préparaient ainsi à la vertu, la vertu en eux-mêmes serait bien vite réelle, la vertu dans leur famille serait bien vite surabondante, la vertu dans leur village grandirait bien vite, la vertu dans leur royaume serait bien vite florissante, leur vertu serait bien vite universellement propagée.

Voilà pourquoi d'après eux-mêmes ils pourraient se faire une idée de tous les individus. Voilà pourquoi d'après une famille ils pourraient se faire une idée de toutes les familles. Voilà pourquoi d'après une localité ils pourraient se faire une idée de toutes les localités. Voilà pourquoi d'après un royaume ils pourraient se faire une idée de tous les royaumes. Voilà pourquoi d'après un empire ils pourraient se faire une idée de l'univers.

Moi-même comment sais-je à quoi m'en tenir sur la vertu dans l'empire? en sachant ce qui suit.

LV

Les hommes en qui la vertu est solide, leur mentalité soutient la comparaison avec celle du nouveau-né.

Ils n'ont pas l'air de se douter que les insectes venimeux piquent, que les griffes des bêtes féroces déchirent et que les serres des oiseaux de proie ravissent.

Comme le nouveau-né ils ont des os et des muscles peu puissants et pourtant les plus rudes mains ne se tirent pas de leur étreinte.

Ils n'ont, comme le nouveau-né, aucune idée de ce que peut signifier l'union des sexes, et ils n'en donnent pas moins les signes d'une extraordinaire virilité.

Comme le nouveau-né, sans parvenir à s'enrouer, ils crient tout le jour, et ils n'en sont pas moins le plus puissant facteur de l'union dans leur famille.

Ces hommes-là savent dire harmonieusement des choses ordinaires. Ils savent exprimer dans le langage le plus ordinaire d'évidentes vérités. Augmenter sa vie leur apparaît comme une calamité. Respirer leur apparaît comme un maximum d'effort à faire.

Leur grande affaire, arrivés à la force de l'âge c'est de prendre pour modèles les petits vieux.

Ce qui revient à dire que ces adeptes de la Doctrine s'abstiennent de toute espèce de pratiques et qu'ils renoncent dès l'aube à toute activité.

LVI

Ceux qui connaissent la Doctrine seraient bien en peine de dire ce qu'ils savent.

Ceux qui parlent le mieux de la Doctrine seraient bien en peine de savoir ce qu'ils disent.

Ils bouchent leurs fenêtres, condamnent leur porte. Ils font taire leur esprit mordant. Ils condescendent à expliquer leur galimatias. Ils modèrent leurs lumières jusqu'à en paraître éteints. Ils s'assimilent à la poussière.

Tout ce qu'on s'accorde à trouver dans les hommes de qui l'on dit : « Ils sont silencieux ou incompréhensibles » ils le réunissent en eux.

Ce que l'on aime ils n'arrivent pas à l'aimer. Ce que l'on communique ils n'arrivent pas à le communiquer. Ce qu'on trouve avantageux ils n'arrivent pas à le trouver utile. Ce qu'on juge enviable ils n'arrivent pas à l'envier. Ce à quoi l'on attache le plus grand prix ils n'arrivent pas à l'estimer quelque chose. Ils n'arrivent pas à concevoir le peu d'importance de ce à quoi les hommes n'attachent aucun prix.

Voilà pourquoi quand ils participent au gouvernement de l'empire, l'empire est universellement respecté.

LVII

De droites intentions pour gouverner ça mène à un extraordinaire abus de la force armée.

A contempler l'homme qui ne fait rien pour s'emparer des cœurs dans l'empire l'empire d'un grand engouement est pris.

Comment sais-je qu'il en est ainsi ? voici :

C'est quand on dresse le plus de barrières pour protéger le peuple que le peuple est le plus misérable. C'est quand le peuple est le plus âpre au gain et le mieux outillé que la folie met en péril l'état et la famille. C'est quand la science se vulgarise le plus et quand les intellectuels pullulent qu'il surgit le plus de maniaques et de bizarreries. C'est quand il se promulgue le plus de lois et d'ordonnances qu'il y a le plus de voleurs et de brigands.

Voilà pourquoi des saints ont pu dire : « Je ne fais rien pour cela, et pourtant de lui-même le populaire se transforme. Je place au-dessus de tout mon repos, et pourtant de lui-même le populaire est plein de bonnes intentions. Je ne lève pas même le petit doigt, et pourtant de lui-même le populaire s'enrichit. Je n'ai pas même à en formuler le désir et le populaire est simple d'esprit. »

LVIII

Sous les gouvernements qui ont un minimum de lumières les peuples jouissent d'un maximum de confort.

Sous les gouvernements à l'attention desquels rien n'échappe les peuples manquent de tout.

Derrière le mal il y a le bien. Du bien c'est ce que le mal recouvre. Qui sait où l'un et l'autre commencent et finissent? Qui peut dire : Je suis sans droiture ou je ne suis pas mauvais? L'homme qui croit à sa rectitude est un homme qui retourne à son astuce. L'homme qui se croit bon est en passe de devenir un monstre. L'homme qui a ces deux travers est le plus illusionné des hommes. Son illusion qui est de tous les jours est de toutes les illusions la plus opiniâtre.

Voilà pourquoi le saint laisse plutôt l'impression d'un homme qui semble bien arrivé à une perfection relative sans qu'on puisse dire précisément si on l'envie ou non.

Voilà pourquoi le saint laisse l'impression d'un homme qui semble plutôt anguleux sans qu'on puisse dire précisément s'il est ou non pointu.

Voilà pourquoi le saint laisse l'impression d'un homme qui fait l'effet d'être à sa place sans qu'on puisse dire précisément si l'on a oui ou non affaire à un déclassé.

Voilà pourquoi le saint laisse l'impression d'un homme qui semble irradier des lumières sans qu'on puisse jamais dire si l'on est ébloui ou pas.

LIX

Pour gouverner les hommes et faire les affaires du Ciel il n'est rien de tel que de s'en occuper aussi peu que possible. De ceux-là seulement on peut dire « Ils s'en occupent aussi peu que possible » qui chaque matin se remettent à s'en occuper aussi peu que possible. Ils ne se remettent chaque matin à s'en occuper aussi peu que possible que s'ils proclament toute l'importance qu'il y a à s'en occuper aussi peu que possible et si à s'en occuper aussi peu que possible ils ont un continuel penchant. Pour qu'ils aient un considérable et continuel penchant à s'en occuper aussi peu que possible, il faut que ce penchant vainque tous leurs autres penchants. Pour que ce penchant vainque tous leurs autres penchants, il faut qu'ils ne sachent pas jusqu'où peut aller ce penchant. Pour qu'ils ne sachent pas jusqu'où peut aller ce penchant, besoin est que ce penchant leur conquière tous les cœurs dans leur royaume. Pour qu'ils conquièrent les cœurs de toutes les mères de famille dans leur royaume, besoin est que ce penchant les entraîne à tout instant et ne fasse que croître toute leur vie durant.

Mais alors ils ont ce qu'on peut appeler une base profonde, une base sûre et la Doctrine de ceux qui ont longuement vécu et beaucoup vu.

LX

L'effort à développer pour gouverner un grand royaume ne doit pas dépasser la peine qu'on prend pour faire frire un petit poisson.

Pour l'homme d'état qui gouverne l'empire et qui s'inspire de la Doctrine, l'évocation des esprits et le surnaturel ne sont pas des principes de gouvernement.

Ne croyant pas aux esprits et fermé au merveilleux, il se contente de ne pas nuire aux hommes. Et pour arriver à ce résultat, il n'a pas besoin d'évoquer des revenants.

Comme lui, les saints ne nuisent pas aux hommes.

Pas plus que ceux qui gouvernent l'empire en s'inspirant de la Doctrine ne nuisent aux saints, les saints ne nuisent à ceux qui, s'inspirant de la Doctrine, gouvernent l'état.

Voilà pourquoi c'est à croiser les bras et à se les recroiser que la vertu consiste.

LXI

Un grand royaume n'a pas plus de mal à s'arrondir qu'un fleuve à grossir dans son cours inférieur. Tous les petits états de l'empire, comme autant d'affluents, le gonflent.

La politique d'un grand royaume dans le monde est toute féminine.

Rien qu'en restant immobile [1], la femme vainc son mâle ; et son action est un minimum d'action.

Voilà pourquoi les grands royaumes, rien qu'en étant au-dessous de tout pour

1. Les yeux baissés.

l'énergie et l'initiative, s'incorporent les petits royaumes.

Voilà pourquoi, sans pour ainsi dire se donner la peine d'être autre chose qu'au dessous de tout, les petits états donnent aux gros l'envie de les incorporer.

Voilà pourquoi la méthode à suivre consiste pour les uns à ne rien faire ou à faire un minimum d'effort pour annexer et pour les autres à faire un minimum d'effort ou mieux pas d'effort du tout pour se donner.

Le désir des grands royaumes ne doit pas aller au delà d'agglomérer et de nourrir des hommes. Le désir des petits royaumes ne doit pas aller au delà d'être admis à servir des hommes.

En principe, pour que le désir des grands et petits états soit satisfait il convient que d'un côté comme de l'autre l'action dépensée soit un minimum d'action.

LXII

Le fond de la Doctrine c'est que tout est obscur. Ce sont des ténèbres que les hommes qui excellent à tout estiment. C'est à des ténèbres que s'attachent les hommes qui n'excellent à rien.

Les paroles que les hommes peuvent échanger sont tout au plus de belles paroles. Les belles actions que les hommes accumulent sont tout au plus de respectables agissements.

La Doctrine, comment les hommes n'excelleraient-ils pas à la pratiquer quand ils la pratiquent rien qu'en disant J'y renonce ?

Voilà pourquoi à l'époque où l'on institua un fils du Ciel et trois ministres, les trois ministres et le fils du Ciel, plutôt que de tenir devant eux une tablette de jade et de se faire précéder d'un quadrige, aimaient mieux faire des progrès dans les pratiques de la Doctrine rien qu'en restant commodément assis.

Qu'est-ce donc qui jadis faisait priser si haut la Doctrine ? c'est que sans enquête, sans application, en moins d'un jour, grâce à elle on trouve ; c'est qu'au moment où, faisant le plus de fautes contre la Doctrine, on dit « Je renonce à la Doctrine » on la connaît à fond.

Voilà pourquoi, quand la Doctrine préside au gouvernement de l'empire, l'empire est universellement respecté.

LXIII

Le saint pratique uniquement le Non-agir. Il s'occupe exclusivement de la Non-occupation. Il goûte à l'insipide. Il voit du même œil le grand et le petit. La différence de beaucoup et de peu lui échappe. Il ne hasarde aucune distinction entre les injures et les bienfaits. L'idée qu'il a du facile il se la fait du difficile. Il entreprend de faire de grandes choses comme il se met aux petites.

Les plus épineuses affaires du siècle commençant nécessairement par des broutilles, les plus graves affaires de ce monde commençant nécessairement par des bagatelles, l'aptitude du saint au Non-agir est jusqu'à la fin de sa vie remarquablement grande.

Voilà pourquoi il est capable d'accomplir les grands desseins du Non-agir.

Le tout frivole, aboutissant nécessairement à un minimum de vérité et tout qui semble facile aboutissant nécessairement à d'inextricables difficultés, le saint laisse plutôt l'impression d'un homme dans une grande gêne pour se prononcer.

Voilà pourquoi, même au soir de la vie, le saint n'a pas d'objection contre la vie.

LXIV

Le repos, l'homme arrivé à la Doctrine ne fait aucune difficulté de le garder. L'homme arrivé à la Doctrine se laisse facilement aller à la songerie. L'homme arrivé à la Doctrine se décide facilement pour un colifichet. La subtilité de son esprit, l'homme arrivé à la Doctrine la laisse facilement oisive. On a le sentiment qu'il pratique une doctrine qu'il ne possède pas encore. On a l'impression que son gouvernement n'est encore qu'une ébauche de gouvernement. Lui même on le compare à un arbre qu'un homme embrassera malaisément par la suite mais encore en puissance dans une tige mince comme un cheveu, ou à une tour de neuf étages encore en puissance dans un peu d'argile, ou à une promenade de mille li dont un promeneur n'aurait pas encore fait le premier pas.

Celui qui agit échoue. Celui qui s'attache à une chose la perd.

Voilà pourquoi le saint n'agit point et n'échoue point. Il ne s'attache à rien : c'est pourquoi il ne perd point.

Le peuple s'applique, et le plus ordidinairement échoue au moment de réussir. C'est qu'il est attentif à la fin comme au commencement et qu'il se prescrit de ne pas manquer son affaire.

Voilà pourquoi le saint fait consister ses désirs dans l'absence de tout désir. Il n'estime point les biens d'une acquisition difficile. Il fait consister son étude dans l'absence de toute étude. Récidiviste, il retourne à ce que les hommes considèrent comme des errements.
urs.

Pour aider les hommes, il est tout de premier mouvement, et pourtant il n'ose se livrer à un seul agissement.

LXV

Ceux des anciens qui excellaient à mettre en pratique les enseignements de la Doctrine ne se proposaient pas d'éclairer le peuple : ils se proposaient plutôt l'obscurantisme comme méthode de gouvernement.

Le peuple est difficile à gouverner parce qu'il s'exagère l'étendue de sa jugeotte.

Voilà pourquoi l'homme d'état qui tente de gouverner par la diffusion des lumières est le fléau de son pays. Voilà pourquoi l'homme providentiel qui le gouverne au petit bonheur fait les beaux jours du royaume.

L'homme qui a connu ces beaux jours et ce fléau sait aussi quel est le gouvernement modèle. Capable de savoir quel est le modèle des gouvernements, il le définit : Un gouvernement enclin à faire les ténèbres, profondément enclin à faire les ténèbres, inaccessible aux intelligences, opposé à tout agissement, un retour à ce grand principe directeur : la suprême docilité à être le jouet des circonstances fortuites.

LXVI

Reines sur toutes les eaux qui descendent des monts, les mers et les rivières le sont parce qu'elles sont au-dessous d'elles.

Voilà pourquoi les prétendants au pouvoir doivent donner à entendre qu'ils s'estiment au-dessous du peuple. Voilà pourquoi, s'ils veulent avoir le pas sur le peuple, ils doivent donner à entendre que dans leur pensée ils ne viennent qu'après lui.

Voilà pourquoi le saint peut peser continuellement sur le peuple sans que le peuple se plaigne de la charge. Voilà pourquoi le saint peut avoir continuellement le pas sur le peuple sans que le peuple le lui envie.

Voilà pourquoi tout l'empire aime tant s'effacer devant le saint et s'efface devant lui sans jamais se lasser.

Voilà pourquoi le saint, ne contestant la première place à personne, ne rencontre personne pour la lui disputer.

LXVII

Dans l'empire, quand des hommes m'adressent la parole, tous ces grands enfants me font l'effet de dégénérés.

Ils ne sont que cela : de grands enfants. Voilà pourquoi, qu'ils soient ou non des dégénérés, depuis beau temps ils ne sont pour moi qu'une vanité.

Je possède trois trésors auxquels je tiens et qui d'ailleurs ne tentent personne.

Le premier, c'est mon parti pris d'aimer les hommes comme de grands enfants; le second, c'est mon petit train; le troisième, c'est ma timidité devant l'agissement et la peur que j'ai de me mettre en avant.

J'ai pour les hommes l'affection susdite : voilà pourquoi j'ai le courage de les supporter.

Je mène le petit train susénoncé : voilà pourquoi je n'en suis pas à joindre les deux bouts.

Je suis, comme je viens de le dire, timide devant l'action et n'ose me mettre en avant : voilà pourquoi je peux prendre mon temps avant de me reconnaître un talent consommé.

Aujourd'hui, s'il me fallait cesser d'aimer les hommes comme de grands enfants et par là-même de les supporter, aujourd'hui s'il me fallait cesser mon petit train et par là-même de joindre les deux bouts, aujourd'hui s'il me fallait cesser de céder la place à tout le monde et par là-même de conserver le dernier rang, j'en mourrais.

Avec ce parti pris d'aimer les hommes comme de grands enfants, quand on les combat on les vainc, quand on veille sur eux on est ferme.

Quand le Ciel veut sauver un homme, il lui suggère de prendre ce parti d'aimer les hommes comme de grands enfants.

LXVIII

Même à la tête d'une armée, l'homme qui excelle à pratiquer la Doctrine n'a pas d'idée belliqueuse. Même au plus fort du combat, l'homme qui excelle à pratiquer la Doctrine n'a pas d'animosité. Même quand il vainc des ennemis, l'homme qui excelle à pratiquer la Doctrine ne leur est pas hostile. Même quand il a des hommes à son service, l'homme qui excelle à pratiquer la Doctrine estime qu'il est au-dessous d'eux.

Cela s'appelle la vertu qui consiste à ne pas lutter.

Cela s'appelle être bon ménager des forces de l'homme.

Cela s'appelle ne ſaire qu'un avec le Ciel et avec le grand principe de l'antiquité, principe au-delà duquel on ne peut aller.

LXIX

Si j'étais dans le cas de me servir d'une arme ou de la parole, je n'oserais jamais être celui qui commence et je n'oserais pas davantage riposter. Je n'oserais jamais avancer d'un pouce et je n'oserais pas davantage reculer d'un pied.

Ce qui revient à dire qu'en face de l'action je n'agirais pas, que si un homme retroussait ses manches pour m'attaquer je ne retrousserais pas les miennes, que si l'on mettait la main sur moi je ne ferais pas usage de mes armes, que si un homme me traînait par terre je ne le considérerais pas comme un ennemi.

On ne peut rien faire de pis à un ennemi que de ne pas le considérer comme un ennemi.

Pour arriver à ce résultat de n'être l'ennemi de personne, j'en oublierais presque les trois trésors que j'ai déclaré posséder.

Voilà pourquoi quand deux armées en présence sont d'égale force, c'est celle qui donne des signes de pitié qui vainc.

LXX

Mes paroles sont très faciles à comprendre, très faciles à pratiquer. Elles disent que l'homme capable de savoir quoi que ce soit on ne l'a jamais vu sur la terre, que l'homme capable de pratiquer quelque doctrine que ce soit on ne l'a jamais vu sous les cieux.

Nos phraseurs ont eu des ancêtres. Nos hommes d'action ont eu de princiers précurseurs.

Il n'y eut jamais que cela : des ténèbres.

Voilà pourquoi moi-même je n'en sais pas plus long. L'homme qui me fera savoir ce qu'est l'homme et ce que je suis je lui reconnaîtrai un merveilleux esprit et alors à mes yeux j'acquerrai quelque prix.

Voilà pourquoi, dût le saint presser contre son estomac une tablette de jade, le saint n'en jette pas moins sur ses épaules un manteau grossier.

LXXI

Dès qu'on sut quelque chose, le nombre des choses qu'on ne sut pas devint infiniment grand.

Dès que l'homme eut conscience de son ignorance, le désir de tout savoir lui rongea l'esprit. Il n'y eut plus qu'un immense rongement d'esprit.

Seuls les saints semblèrent échapper à ce rongement d'esprit. D'autres soucis rongeants qui leur sont particuliers les rongent. Voilà pourquoi le désir de savoir quelque chose ne leur ronge pas l'esprit.

LXXII

Du jour où le peuple ne craignit pas de montrer une crainte respectueuse, le désir d'inspirer une crainte de ce genre fut désordonné, on observa tout le temps les distances, on fut mécontent pour la vie durant. Il n'y eut plus que du mécontentement. Ainsi s'explique leur mécontentement.

Voilà pourquoi quand des saints se reconnaissent, ils ne se regardent pas. Voilà pourquoi, quand des saints ont de l'amitié l'un pour l'autre, d'interminables saluts les saints ne s'honorent pas.

Voilà pourquoi les saints, cessant de se comporter comme il vient d'être dit, se règlent sur ce qui va être dit dans le chapitre suivant.

LXXIII

Qui sait si l'homme qui met son courage à oser trouve la mort ou si l'homme qui met son courage à ne pas oser trouve la vie ? Qui sait si de deux choses l'une nous est utile ou l'autre nous nuit ? Qui sait précisément ce que le ciel abomine ? Et le pourquoi de tout où est l'homme qui le sait ?

Voilà pourquoi le saint donne plutôt l'impression d'un homme difficile à se décider.

La Doctrine, cette doctrine du ciel, ne conteste rien à personne et excelle à convaincre tout le monde. Elle ne peut être formulée par la parole et pourtant elle répond à tout. Elle ne bat le rappel auprès de personne, et c'est à qui lui viendra. Simplement et pourtant excellemment la Doctrine n'est qu'à l'état de plan.

Les filets du Ciel sont immenses. Nul n'en distingue les mailles et tout le monde est pris.

LXXIV

Quand le peuple, désespéré, en est au point de ne plus craindre la mort, comment espérerait-on lui faire un épouvantail de la peine de mort ?

Supposé au contraire que le peuple, heureux de vivre, craigne constamment la mort, et qu'un crime isolé mais extraordinaire se produise : j'empoignerais le coupable, et tout le monde serait d'accord pour me le laisser juger et tuer. Qui oserait l'imiter ?

Le Ciel est un éternel exécuteur des hautes œuvres. Et pourtant il se trouve des bourreaux volontaires qui osent se substituer à lui. Ils ressemblent au charpentier d'occasion qui s'essaie sur une charpente. Il est bien rare que cet imbécile ne s'entaille pas les mains.

LXXV

Quand le peuple meurt de faim c'est parce que ses dirigeants croient à la nécessité de gaver un gouvernement. Voilà pourquoi le peuple meurt de faim.

Quand le peuple est difficile à gouverner c'est parce que ses dirigeants croient devoir faire acte de gouvernement. Voilà pourquoi le peuple est difficile à gouverner.

Quand le peuple trouve la mort légère c'est parce que ses dirigeants enquêtent sur les importants problèmes de la vie. Voilà pourquoi le peuple trouve la mort légère.

Pour une fois au moins le détachement de la vie est plus sage que l'attachement qu'on a pour la vie.

LXXVI

Quand l'homme naît c'est que des êtres faibles ont été faibles. Quand l'homme meurt c'est que des êtres, appliqués à quelque chose, ont fait quelque effort.

Quand le végétal naît c'est que l'enveloppe molle de son germe a été fragile. Quand le végétal meurt c'est que ses parties molles ont durci.

Voilà pourquoi avec l'application et l'effort on fait l'apprentissage de la mort. Voilà pourquoi avec le parti pris d'être mou et de ne résister à rien on fait l'apprentissage de la vie.

Voilà pourquoi une armée appliquée qui fait effort pour vaincre ne vainc pas.

Voilà pourquoi quand l'arbre est en pleine force on l'abat.

Voilà pourquoi à la grandeur de l'application et de l'effort il faut attribuer une importance minime et pourquoi du parti pris d'être mou et de ne résister à rien il faut faire le plus grand cas.

LXXVII

Cette doctrine du ciel est pratiquée aussi vite qu'un arc est tendu.

Elle admet que le haut et le bas se valent, que l'homme qui paraît en savoir le plus long continue à ne pas savoir grand'chose. A l'esprit humain déjà insuffisant elle ajoute une insuffisance de plus. Cette Doctrine du ciel montre la vanité de la science dans les hommes qui croient en savoir le plus long : et pourtant elle souhaiterait que l'instruction présentât plus d'insuffisance, de trous et de lacunes.

Au contraire les doctrines du siècle laissent entendre que les lacunes et les insuffisances de l'esprit humain sont peu de chose pour faire bénéficier d'un progrès problématique les hommes qui croient en savoir le plus long.

Qui pourrait se flatter d'en savoir plus long que les autres et de faire bénéficier le monde d'un savoir certain? seulement le fou qui croirait s'être mis dans la tête et posséder à fond la Doctrine.

Voilà pourquoi les saints ont une occupation et ne croient pas au mérite de ce qu'ils font. Voilà pourquoi les saints sont bons à tout et ne sont fixés sur quoi que ce soit. Voilà pourquoi l'idée de mettre la main sur la sagesse c'est aux saints qu'elle ne vient jamais.

LXXVIII

Ici-bas rien de plus mou que l'eau, et pourtant elle vient à bout des pierres les plus dures. L'eau, meilleure que tout, est irremplaçable.

Le mou vainc le dur. Cette faiblesse vainc la force.

Dans l'empire tous savent cela, et de ce fait d'expérience personne n'est capable de tirer les conséquences pratiques.

Voilà pourquoi des saints ont pu dire : « Celle qui reçoit toutes les immondices du royaume c'est l'eau, providence des génies de la Terre et des grains. Celle qui reçoit tout ce qu'on rebute c'est l'eau, reine de ce monde. »

Parler irréprochablement revient à répéter les paroles des saints.

LXXIX

Du jour où l'on aperçut deux grands intérêts à concilier, il y eut l'intérêt à les concilier de plus.

Comment un résultat pareil pourrait-il passer pour excellent ?

Voilà pourquoi les saints, prenant leur parti des contrats, se refusent pourtant quant à eux à se prévaloir des contrats.

Voilà pourquoi, dès qu'on nota une tendance à rédiger des contrats et à porter devant des tribunaux des litiges, les saints n'eurent aucune tendance à prendre le chemin des tribunaux.

La Doctrine, cette doctrine du ciel,

consiste dans le Non-attachement à ces choses. La règle, les gens de bien ne la cherchent pas dans ces choses mais en eux.

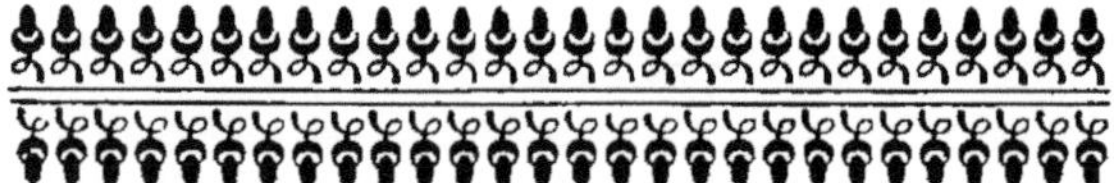

LXXX

Faites en sorte que votre royaume soit le plus petit des royaumes. Faites en sorte que de tous les peuples votre peuple soit le moins important. Faites en sorte que le peuple ait des armes pour dix ou au plus pour cent hommes et qu'il ne s'en serve pas. Faites en sorte que le peuple supporte difficilement l'idée de la mort sans que l'inquiétude le pousse à voyager comme les agités loin de son pays. Faites en sorte que le peuple, s'il a une grande quantité de barques et de chars, n'y monte point, que le peuple, s'il a une grande quantité de cuirasses et des armes, ne les fourbisse point. Ramenez le peuple à l'usage des cordelettes nouées [1]. Faites en sorte que dans le peuple chacun trouve sa nourriture savoureuse et ses habits de tous les jours beaux et bons. Faites en sorte que le peuple trouve agréables ses usages et que le peuple se plaise à sa simplicité. Faites en sorte que, vos gens et ceux du royaume voisin pouvant s'apercevoir, le chant du coq et les aboiements des chiens pouvant s'entendre des deux côtés des frontières, vos gens arrivent à l'extrême vieillesse et à la mort sans avoir eu même l'envie de visiter le royaume voisin.

1. L'usage de ces cordelettes n'a jamais été déterminé. Lao-tseu semble conseiller de ramener le peuple à la barbarie.

LXXXI

La vérité, exprimée, n'est pas belle[1].

De belles paroles sont incapables de dire la vérité.

Les plus beaux raisonnements, exprimés, n'ont rien de décisif. Eût-on à dire quelque chose de décisif, il serait impossible de le faire passer pour excellent.

Ce que l'homme sait le mieux c'est qu'il est une énigme. L'homme qui la résoudrait resterait inconnu.

La sainteté consiste à emmagasiner un minimum d'idées.

Déjà par le seul fait de se résoudre à

1. C'est-à-dire pour qu'elle ne soit pas belle il suffit qu'elle soit exprimée.

l'action les hommes cessent d'exceller à vivre. Déjà par le seul fait de se civiliser les hommes cessent de se multiplier.

Sans qu'on puisse dire précisément en quoi, la Doctrine, cette doctrine du ciel, est utile. Cette Doctrine des saints est pratiquée sans qu'on puisse dire précisément comment.

Le Puy, imp. Marchessou. — Peyriller, Rouchon et Gamon, suc.

XXI. — *Livre des dames de la Perse*, trad. par THONNELIER. 2 fr. 50
XXII. — *L'Encre de chine, son histoire et sa fabrication*, d'après des documents chinois, par MAURICE JAMETEL. In-18 illustré. 5 fr.
XXIII. — *Le Livre des Morts des anciens Egyptiens*, par PAUL PIERRET. In-18 .... 10 fr.
XXIV. — *Le Koran, sa poésie et ses lois*, par STANLEY LANE-POOLE. In-18 .... 2 fr. 50
XXV. — *Fables turques*, trad. par J.-A. DECOURDEMANCHE. 5 fr.
XXVI. — *La Civilisation japonaise*, par L. DE ROSNY. In-18. 5 fr.
XXVII. — *La Civilisation musulmane*, par STANISLAS GUYARD, professeur au collège de France. In-18 .... 2 fr. 50
XXVIII. — *Voyage en Espagne* d'un ambassadeur marocain (1690-1691), traduit de l'arabe par H. SAUVAIRE. In-18 .... 5 fr.
XXIX. — *Les Langues d'Afrique*, par ROBERT CUST. Traduit par L. DE MILLOUÉ. In-18 .... 2 fr. 50
L. — *Les Fraudes archéologiques en Palestine*, par CH. CLERMONT-GANNEAU. In-18 illustré de 33 gravures .... 5 fr.
LI. — *Les langues perdues de la Perse et de l'Assyrie*, par J. MÉNANT. In-18 .... 2 fr. 50
LII — *Mâdhava et Mâlatî*, drame sanscrit, traduit par M. STREHLY, avec une préface par M. BERGAIGNE. In-18 .... 2 fr. 50
LIII. — *Le Mahdi*, depuis les origines de l'Islam jusqu'à nos jours, par JAMES DARMESTETER. In-18 .... 2 fr. 50
LIV. — *Coup d'œil sur l'histoire de la Perse*, par JAMES DARMESTETER, professeur au Collège de France. In-18 .... 2 fr. 50
LV. — *Trois nouvelles chinoises*, traduites par M. le marquis D'HERVEY DE SAINT-DENYS, de l'Institut. In-18 .... 5 fr.
LVI. — *La Poésie chinoise*, par IMBAULT-HUART. In-18. 2 fr. 50
LVII. — *La Science des Religions et l'Islamisme*, par HARTWIG DERENBOURG. In-18 .... 2 fr. 50
LVIII. — *Le Cabous Nameh*, Traduit du persan par A. QUERRY, consul de France. Fort volume in-18 .... 7 fr. 50
LIX. — *Les Peuples orientaux* connus des anciens Chinois, par Léon DE ROSNY. Nouvelle édition. In-18 .... 5 fr.
. — *Les Langues perdues de la Perse et de l'Assyrie*, par J. MENANT. II. Assyrie. In-18 .... 5 fr.
I. — *Un Mariage impérial chinois*. Cérémonial, par G. DEVÉRIA. In-18 illustré .... 5 fr.
II. — *Les Confréries musulmanes au Hedjaz*, par A. LE CHATELIER. In-18 .... 5 fr.
III. — *Les Origines de la Poésie persane*, par M. J. DARMESTETER. In-18 .... 2 fr. 50
IV. — *Artâ Viraf-Namak ou Livre d'Arda Viraf*, par M. A. BARTHÉLEMY. In-18 .... 5 fr.
V. — *Deux Comédies Turques*, de Mirza Fèth-Ali Akhond-Zadè, traduites pour la première fois en français, par A. CILLIÈRE. 5 fr.
VI. — *Les Races et les Langues de l'Océanie*, par Robert CUST, traduit par Alph. PINART. In-18 .... 2 fr. 50
VII. — *Les Femmes dans l'Epopée iranienne*, par le baron d'AVRIL. In-18 .... 2 fr. 50
VIII. — *Priyadarsika*, drame sanscrit, traduit par STREHLY. 2 fr. 50
IX. — *L'Islam au XIXe siècle*, par A. LE CHATELIER .... 2 fr. 50
X. — *Kia-li*, livres des rites domestiques chinois de Tchou-Hi. Traduit par C. DE HARLEZ. In-18 .... 2 fr. 50

LE PUY. — IMP. MARCHESSOU ; PEYRILLER, ROUCHON ET GAMON, SUCC^rs

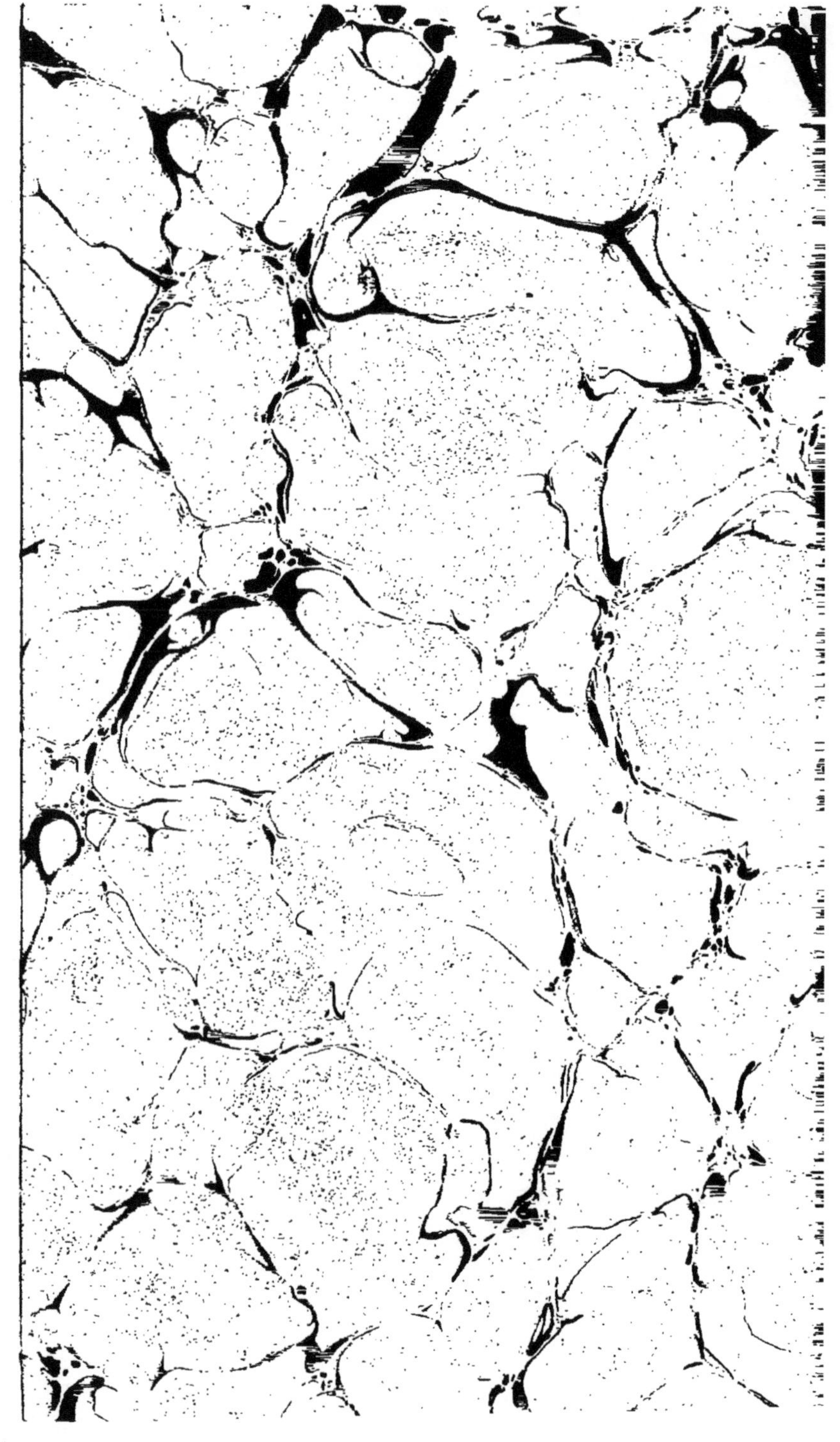

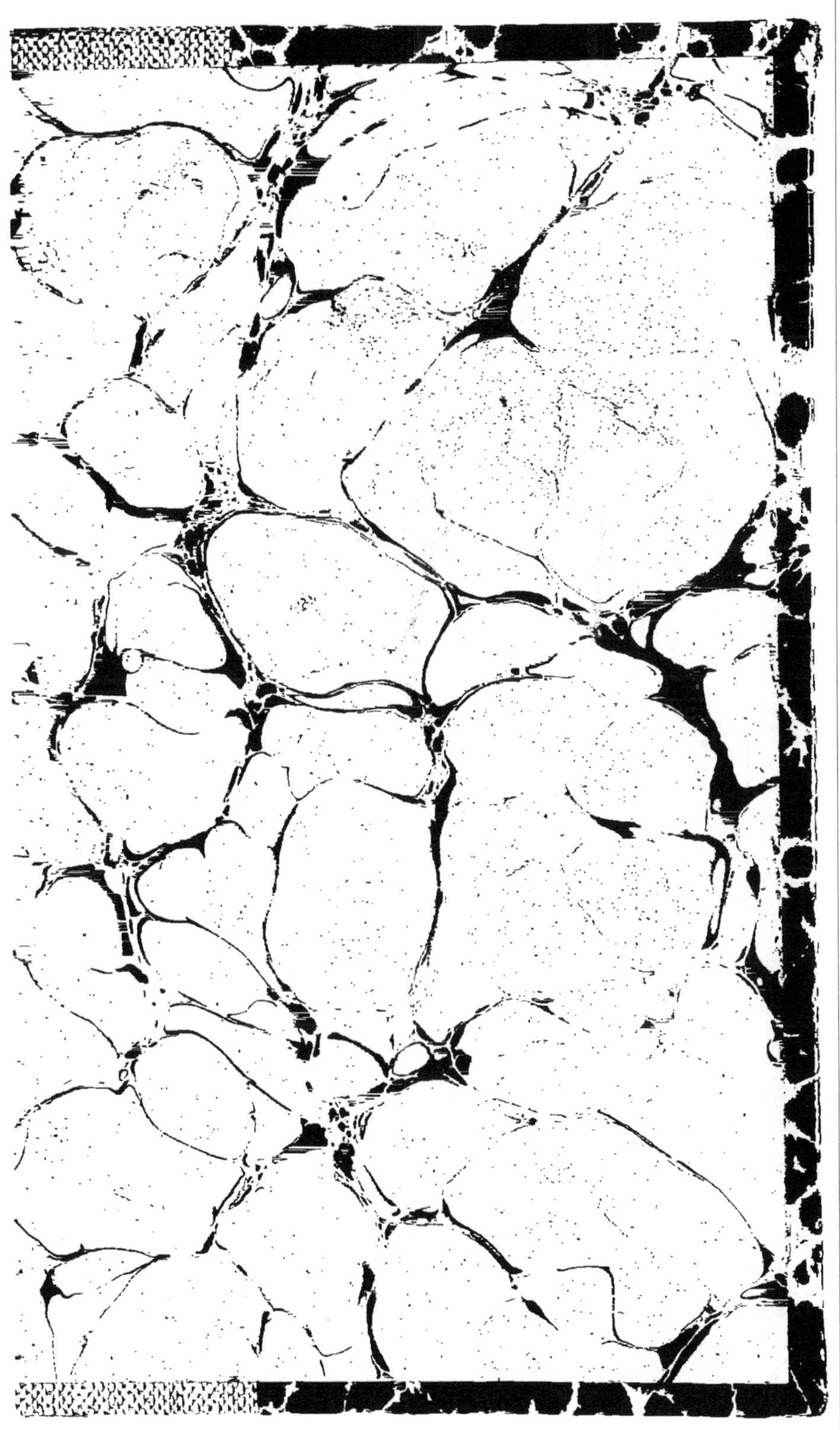

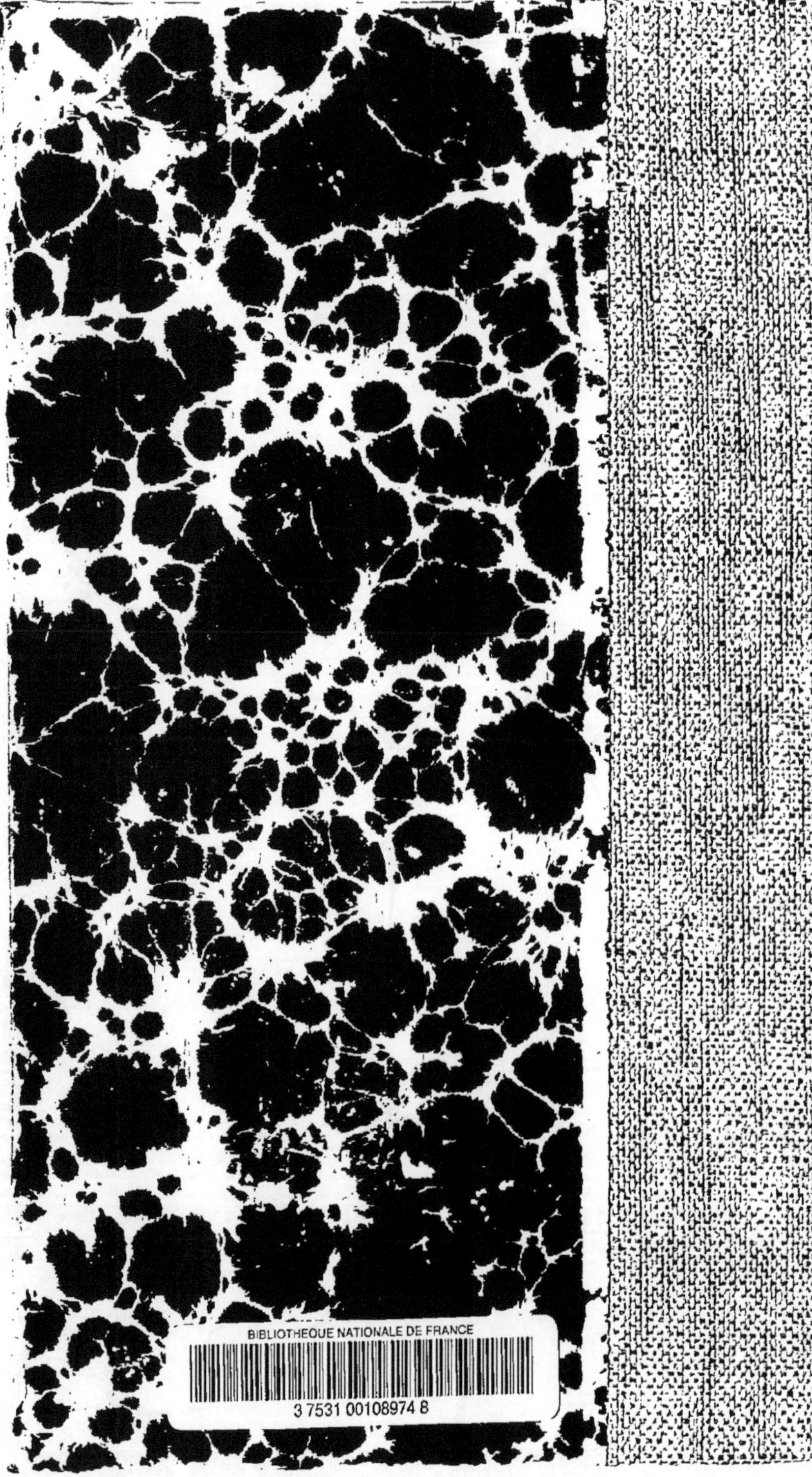

www.ingramcontent.com/pod-product-compliance
Ingram Content Group UK Ltd.
Pitfield, Milton Keynes, MK11 3LW, UK
UKHW021045200726
13857UKWH00003B/830

9 782012 828223